Coleção
Biblioteca
do Maçom

Francisco Cezar de Luca Pucci

Pedra por Pedra

Editora Maçônica "A TROLHA" Ltda.

EDITORA MAÇÔNICA
A TROLHA

FRANCISCO CEZAR DE LUCA PUCCI

Pedra por Pedra

Editora Maçônica "A TROLHA" Ltda.
Av. Maringá, 335 – Fone (43) 3327-1982 – Fax (43) 3348-0915
Cx. Postal 238 – CEP 86001-970 – Londrina – PR

Londrina, outubro de 2004

Francisco Cezar de Luca Pucci - *Grande Loja Unida*

Coordenação Geral: **Conselho Editorial**
1ª Edição: **2004**
Tiragem: **2.300 exemplares**
Preparação e Diagramação: **Maristela Meneghetti**
Capa: **Ulisses Ricardo Merede Candreva**
Revisão: **Virgínia Cristina Audi Ayres**
Impressão e acabamento: **Gráfica e Editora Artgraf**

Dados Internacionais de Catalogação na Publicação (CIP-Brasil)
CATALOGAÇÃO NA FONTE

P977p Pucci, Francisco Cezar de Luca
Pedra por pedra / Francisco Cezar de Luca Pucci. - 1ª ed. - Londrina: Ed. Maçônica "A TROLHA", 2004.
194p.; 20,2 cm. - (Coleção Biblioteca do Maçom).

ISBN : 85-7252-190-9

1. Maçonaria - Filosofia. 2. Maçonaria - Simbolismo. I. Título.

CDD 366.1
CDU 061.236.6

Índice para catálogo sistemático:

1. Maçonaria - Arte Real
061.236.6 (CDU)

EDITORA MAÇÔNICA "A TROLHA" LTDA.
Av. Maringá, 335 - Centro
86060-000 - Londrina - PR
Cx. Postal 238 - CEP 86001-970
Fone: (43) **3327-1982** - Fax: (43) **3348-0915**

À Suely, cujo amor e parceria motivam minha vida; aos IIrm∴ de minha Oficina, cujo trabalho inspirou minha Obra; a todos os demais IIrm∴, cujo estímulo sustentou meu esforço.

Obrigado.

Francisco Pucci

Sumário

PARTE IV - COLOCANDO AS PEDRAS DOS GRAUS

PARTE V - COLOCANDO AS PEDRAS DE ADORNO

Apresentação

Quando menos se espera começam a cair os véus da inconsciência. E a Maçonaria pode ajudar os seus Membros a derrubarem mais cedo aquilo que lhes embaça a visão crítica do ser. E é esta trajetória que o autor Francisco Cezar de Luca Pucci se propõe a contar.

Aqui ele relata suas impressões mais íntimas de como tem sido amadurecer e estar consciente de si mesmo e de que maneira a Ordem Maçônica foi co-responsável por esse desenvolvimento.

Quando descobrimos que a criatividade é inerente ao ser, abrem-se os caminhos para que possamos experimentar o que nos é trazido inicialmente pelo pensamento, desabrocham livros como se fossem flores.

A Editora Maçônica "A TROLHA" e Francisco Cezar de Luca Pucci, apresentam esta obra de leitura agradável e inovadora para o progresso dos estudos maçônicos em nosso País.

Os Editores

PARTE I

Colocando as Primeiras Pedras

Introdução

Há duas alegorias na Arte Real que considero muito ricas: a do círculo tangenciado por duas paralelas e a da escada de Jacó.

Na verdade, as considero como parte de um mesmo cenário, já que estão vinculadas ao mesmo espaço geográfico. Quando faço a imagem da escada de Jacó no centro do círculo, e projeto esse círculo para o alto, sempre tendo como eixo a escada, a imagem que obtenho é de uma espiral.

A espiral é a própria ilustração gráfica da Evolução. Tentar subir um eixo vertical é aventurar-se num "pau de sebo", onde geralmente mais se desce do que se sobe. Sem contar que o esforço é desanimador. Já a escada em espiral, tão conhecida dos Maçons, simboliza a mudança constante em torno da unidade da essência.

Quem é você neste exato momento? Consegue lembrar de quando você tinha seis ou sete anos? E de quando você tinha quatorze ou quinze? Aquela criança ou aquele adolescente eram você? Claro que sim! Mas você consegue, realmente, sentir-se "eles"? É bem provável que não.

Nós temos uma identidade que nos define como um "ser" do nascimento até a morte. Talvez mais. Mas também estamos num movimento de constante mudança que nos define como um "estar sendo" do mesmo nascimento até a mesma morte.

Nesse movimento constante, podemos estar nos construindo

ou nos desconstruindo; podemos estar evoluindo ou involuindo. Acreditamos nós, Obreiros da Arte Real, que quando estamos nos conhecendo mais, para aprendermos a submeter nossas vontades, subjugar nossas paixões e fazer progressos no aprendizado da tolerância e da fraternidade, estamos evoluindo.

Este livro é um diário de bordo dessa viagem. Nele registrei minhas reflexões e sentimentos durante as viagens de aprendizado na Arte. Por isso começo meu relato falando nesse caminho e no seu significado profundo. Tem sido uma construção dessa escada em espiral, pois o caminho não é dado. Tem que ser construído, pedra por pedra, onde as separações são arbitrárias. Por isso senti dificuldade em colocar certos temas nesta ou naquela parte.

Espero sinceramente que este diário sirva de companhia, de estímulo e de provocação durante as vossas viagens, assim como tantos diários de outros tantos Irmãos serviram e servem às minhas.

Um abraço tríplice e fraterno.

Francisco Cezar de Luca Pucci

O Caminho Maçônico de Compostela

De Aprendiz a Mestre Maçom

O caminho de Compostela, na Espanha, ficou famoso como sinônimo de caminho de peregrinação. Dessa tradição, podemos tirar algumas lições.

Só extraímos valor daquilo que nos custa algo. A idéia não é de sacrifício, mas de *experienciar* aquilo que se faz. Ir a Compostela de avião ou num carro de luxo, nos mostra o resultado final, o ponto de chegada, mas não nos permite incorporar – e incorporar significa tornar parte de nosso corpo – cada passo, cada gota de suor, cada esquina do caminho, cada árvore florida, cada córrego fresco, cada canto de pássaro, cada entardecer ou cada amanhecer.

Chegamos a Compostela, mas ela não **fará parte** de nós.

Se o caminho é tão importante quanto o ponto de chegada, o tempo deixa de ser importante. Quando temos pressa de chegar, o caminho não tem a menor importância. O tempo, sim. Os veículos, também. Nesse caso, os fins justificam os meios. Quando o experienciar é que é importante, os meios passam a ter valor em si mesmos. O tempo passa a ser secundário, pois cada passo é um chegar. Cada pequena experiência se soma à grande experiência que é o caminhar.

Estar lá é fundamental. Se vamos a Compostela por avião, as esquinas do caminho, as árvores floridas, os córregos frescos, o canto dos pássaros, o entardecer e o amanhecer continuarão lá. Mas **não farão parte** de nós. Não farão parte de nossa bagagem. Quando, ao entardecer dos anos, nos sentarmos à frente da lareira, examinando em silêncio a bagagem de nossa vida, essas coisas não estarão lá. Estaremos, incontestavelmente, mais pobres.

Há alguns anos, eu e os IIrm.·. Mestres que me lêem éramos Aprendizes. Curiosos e apressados como todos os Aprendizes.

Após algum tempo, começamos a achar que não havia nada no Grau de Aprendiz que correspondesse àquela expectativa que tínhamos quando fomos Iniciados. Púnhamos, então, nossas esperanças no Grau de Companheiro. Quando fôssemos Elevados, os segredos nos seriam revelados e o que tínhamos vindo buscar nos seria entregue.

Após mais algum tempo, novamente a rotina se instala e passamos a desejar sermos Mestres. Aí, sim, a Maçonaria seria desvendada e encontraríamos o pote de ouro no fim do arco-íris.

Creio que essa pressa, tão típica do espírito moderno, é normal. Afinal, vivemos uma época onde o importante é chegar. Muitas vezes até de forma escusa, arrancando de forma ilegítima as "palavras de passe", os "sinais", os "toques" e as "palavras" de cada posição social.

Mas que valor, então, teve o nosso caminhar?

Nós, meus Irmãos, *estivemos lá*. Estivemos presentes em cada passo, vertemos cada gota de suor, paramos em cada esquina do caminho, admiramos cada árvore florida, bebemos em cada córrego fresco, ouvimos cada canto de pássaro, admiramos cada entardecer e cada amanhecer. Estivemos presentes a cada Sessão. Ouvimos cada palavra, as boas e as más, as inspiradas e as cansativas.

Hoje, o caminho **faz parte** de cada um de nós. Cada experiência está em nossa bagagem. Somos mais ricos. E descobrimos que o grande segredo da Maçonaria não está no onde se chega, mas no caminhar juntos, compartilhando nossa humanidade no que ela tem de melhor e de pior.

Dizem os místicos que "quando o discípulo está pronto o Mestre aparece". Para que isso aconteça, é necessário que o discípulo esteja pronto, quer dizer, esteja lá e esteja atento. Não façamos, meus IIrm∴, como as dez virgens da parábola evangélica, que, quando o noivo chegou, estavam dormindo e não tinha mais azeite em suas lâmpadas.

É estando presentes que veremos que o verdadeiro tesouro da Maçonaria nos é dado, sim, mas não na chegada. A cada Sessão nos é dada uma moeda. Jogamo-la na bolsa sem muita consideração. Um dia, meus IIrm∴ – e isso tantos Irmãos mais vividos nos têm testemunhado –, acordamos e descobrimos, entre espantados e extasiados, que temos um tesouro acumulado.

Nesse dia, cada vez que declamarmos: "Ó, quão bom e quão suave é viverem os Homens em união. É como o perfume que desce sobre a cabeça e sobre a barba de Aarão", as palavras nos farão sentido e nossas almas exultarão.

∴

Rituais de Iniciação

Vou repetir uma verdade cantada e decantada: o Homem é um animal ritualista e simbólico. Entre todos os rituais, religiosos ou sociais, que são culturalmente criados, os de Iniciação são, a meu ver, os mais importantes. Por quê? Creio que porque são rituais limítrofes, que nos obrigam à reflexão sobre a vida e a morte, e o quanto esses conceitos inseparáveis têm a ver com o sentido de nossa existência.

Mesmo no nível social, a "passagem de ano" na vida escolar, o "vestibular", o "debutar", o "casamento", a "primeira comunhão", são momentos fortes da existência humana que a sociedade valoriza tanto a ponto de criar "complexos" de emoções e comportamentos em torno deles, para que venham a ser momentos de reflexão e de marca em nossa caminhada.

São os rituais, que envolvem preparativos materiais e emocionais, que mobilizam os grupos e, finalmente, têm seu clímax (e sua morte) na comemoração coletiva. Émile Durkheim, o fundador da Sociologia, diz que os ritos são momentos de efervescência coletiva destinada a suscitar, manter ou fazer renascer certos estados mentais nos grupos, que são socialmente importantes para sua existência.

Esta observação de Durkheim remete, cedo ou tarde, a uma das questões centrais das Ciências Humanas: a relação entre o individual e o coletivo. O debate entre voluntaristas e coletivistas, e as tentativas de conciliação entre essas posições, é tão antigo quanto a filosofia. As "provas" acumulam-se em ambos os lados, nos demonstrando que a questão está longe de ser satisfatoriamente resolvida. Debate que pode ser levado até o plano metafísico da relação entre o Homem e o Universo.

Na Maçonaria simbólica, passamos por três grandes Iniciações, marcando o ingresso em cada um de seus Graus. Os nomes especiais de Elevação e Exaltação acentuam o caráter evolutivo dessas Iniciações, onde se pressupõe que cada etapa é "superior" à precedente.

São interessantes esses nomes. Elevação indica que há alguém a ser Elevado e, portanto, alguém que o elevará. É a passagem para o segundo Grau. O nome indica alguém que ainda está sendo conduzido, embora já esteja sendo premiado seu progresso. Já Exaltação, a passagem para o Grau de Mestre, indica um reconhecimento. Alguém está sendo "aclamado" por ter atingido uma posição muito especial. A Exaltação não comemora uma "condução", mas uma "recepção". É como dizer: parabéns, você chegou aqui.

Mas o que significa esta "independência", esse não estar mais sendo conduzido? Que "marca" este momento de efervescência quer imprimir nesse Companheiro?

Creio que a celebração do Mestrado pretende retomar aquela velha relação entre o individual e o coletivo. O ritual não pretende uma discussão teórica e nem uma solução científica para a questão. O ritual é o meio pelo qual uma "sociedade" celebra uma solução interior, subjetiva, no nível da individuação (no sentido de tornar-se um ser pleno, não no de individualizar-se), um momento dificilmente alcançado pela maioria, que pretende celebrar um Mestre na arte de viver (e, por isso, na de morrer).

Cada vez que participo de um Ritual de Exaltação, me vem à mente a imagem da árvore. Cada um de seus galhos e cada uma de suas folhas ou flores, "vivem" suas vidas "individualmente". Umas folhas cairão, outras não. Umas secarão, outras não. Algumas flores serão polinizadas, outras não. Algumas tomarão mais chuva ou sofrerão mais o efeito dos ventos. Alguns galhos serão quebrados, outros não.

A folha que vive e a que morre aparentemente não têm nada a ver uma com a outra. Estão "inconscientes" das existências conjuntas. Mas a árvore é o conjunto de galhos e folhas e flores. Quando pego uma folha aparentemente isolada, digo "é uma folha de amoreira" ou "é uma folha de pessegueiro". Assim como, quando vejo uma criança, a reconheço apenas "como filho da Joana" ou "neto do Joaquim". Que seria da folha sem galhos e flores e raízes? Que seria do indivíduo sem família, sem bairro, sem sociedade?

Para mim, essa foi a grande lição de três mais cinco anos de trabalho na pedra. Essa foi a marca que recebi. Só se é Mestre quando não mais se sente a necessidade de alguém que nos conduza; quando as verdades não são ditadas por terceiros; quando as emoções não são recalcadas por conceitos alheios (preconceitos); quando se sabe, finalmente, "que nada se sabe" – como dizia Sócrates – e por isso se é sábio. Ah, terrível dialética!

Isso não significa, em absoluto, que não necessito mais do outro, de seu saber, de sua experiência, de seus exemplos. Ao contrário: significa que agora eu posso tornar esse saber, essa experiência e esses exemplos uma coisa minha, adequados à minha realidade, julgados por minha experiência.

Quem fala as palavras alheias, repete os comportamentos alheios e vive a procurar os caminhos alheios para seguir, só pode descobrir, ao fim de uma existência perdida, que apenas procurou ser "outro" e deixou de desenvolver o que era seu. Esse, infelizmente, não conheceu a Exaltação, seja na Maçonaria, seja no trabalho, seja na igreja, seja na vida.

∴

A Maçonaria

(comentários)

A Franco-Maçonaria, escreve a Grande Enciclopédia, é uma instituição filantrópica, que se esforça por realizar um ideal de vida social... É uma ordem ou confraria enxertada nas antigas associações operárias e místicas da Idade Média, porém organizada no século XVIII com um espírito mais amplo... Não é uma sociedade secreta, mas somente uma sociedade fechada.

Ora, se a Franco-Maçonaria é isso, nada mais do que isso e há tanto tempo, deveria ser bem mais conhecida e, que diabo, já não deveria suscitar tantas paixões!"– ***Paul Naudon***[1].

Um dia desses, acidentalmente, me veio às mãos o livro de Naudon sobre a Maçonaria[2], que reli com outros olhos e renovado prazer. Como é bom reler, após alguns anos, um livro de que gostamos. Podemos avaliar se – e em que direção – amadurecemos. Certas coisas, que à época não nos despertaram maior atenção, agora saltam aos olhos cheias de interesse. Outras, aparecem tão renovadas que voltamos à página de rosto para ver se o livro é mesmo tão antigo.

---

[1] NAUDON, Paul. ***A Maçonaria***. Coleção Saber Atual. São Paulo: Difusão Européia do Livro, 1968, p. 7.

[2] Obra citada acima, da qual tratam estes comentários.

Foi o que aconteceu comigo ao reler *A Maçonaria*, do significativo ano de 1968 – ano das revoluções estudantis na França e das piores lembranças políticas no Brasil.

Discorrendo sobre as Lendas, Doutrina, Ritos e Obediências, a obra apenas faz História, se é que se pode dizer "apenas" de um estudo sério e rigorosamente documentado.

Quando fala, contudo, de Iniciação, Simbolismo e Tradição, a leitura passa a ter um sabor especial, deixando aquela sensação de "quero mais" no espírito do leitor.

Falando ***d'O segredo maçônico***, explica por que o silêncio e o segredo *se impõem* ao Maçom sem que haja necessidade de uma imposição exterior. Deixemos o autor falar:

> *É a lição de Hermes a seu filho Tat: "Ó meu filho, a sabedoria ideal está no silêncio". (...) O ensino iniciatório, escreve C. Chevillon, "tem seus fundamentos na meditação e seus frutos nos refolhos mais íntimos do espírito pacificado... A verdade não se situa nas palavras de que cercamos nossos conceitos e nossas idéias, reside na essência das coisas e dos seres. Somente o silêncio pode permitir-nos compreender a via sutil das essências".*
>
> *Vemos que os "verdadeiros segredos da Maçonaria, são os que não se dizem ao adepto e que ele deve aprender a conhecer pouco a pouco, soletrando os símbolos".*
>
> (...) Tal segredo é a conseqüência natural da Iniciação. *"Chegado a esse estado torna-se quase impossível a um ser humano dar a conhecer plenamente sua experiência interior, que se converte, então, em verdadeiro segredo por natureza."*[3]

É extremamente importante ler – e reler – essas afirmações vagarosamente, para que a compreensão de seu profundo sentido penetre nosso espírito mais do que apenas nossa memória.

Considerando, ainda, a natureza divina do Homem, conclui o

---

[3] Op. cit., pp. 99-100.

autor sua explanação sobre o segredo, com esta não menos inspirada afirmação: *"A finalidade da Iniciação, por conseguinte, consiste na busca da Palavra perdida, a reintegração final do homem em sua essência, ao mesmo tempo pelo intelecto e pelo coração, por uma espécie de nostalgia de um ritmo de Luz e de Harmonia, cuja lembrança e cuja esperança permanecem no mais profundo de nós mesmos"*[4].

Belas e profundas, também são as páginas sobre A razão e o amor.

A Maçonaria propõe como método da busca da Luz – da Verdade – o uso tanto da objetividade da razão quanto da subjetividade do sentimento. A integração desses contrários, aparentemente impossível, pretende conduzir à superação das polaridades sujeito – objeto e indivíduo – coletividade.

Deixemos, novamente, falar o autor: a Maçonaria se utiliza da razão, *"mas não se utiliza dela como as religiões ou os sistemas filosóficos. A Maçonaria não afirma; não demonstra. Seu apelo à razão só se faz no plano individual, sem que por isso se perca no caminho da individualização total. Esse método subjetivo escapa, com efeito, ao relativo e ao contingente e visa ao universal pela via do cristianismo primitivo, a vida da comunhão com os outros homens e com o próprio Cosmos, a que essa verdade é igualmente imanente. É a via do Amor, que implica a tolerância ativa e a humildade, fazendo compreender que o pensamento permanece fragmentário quando se dissocia na multiplicidade dos indivíduos e dos tempos. É o conjunto, a unidade que importa, e a razão individual vale na medida em que participa do absoluto"*[5].

A revelação da Iniciação é o caráter absoluto da Verdade. O que a Iniciação pretende, é conduzir à apreensão do conceito de imortalidade da alma. Para a Maçonaria, entretanto, *"a crença na imortalidade da alma não constitui, todavia, um credo, um artigo de fé numa concepção teológica particular. A Maçonaria afirma apenas que a alma é uma centelha do Ser infinito de Deus e que, por ela, o homem é imortal"*.[6]

---

[4] Op. cit., pp. 100-101.
[5] Op. cit., p. 101.
[6] Op. cit., p. 104.

Atinge-se, assim, nos diz Naudon, A Lei da Unidade, teoria fundamental da filosofia tradicional. *"O que está embaixo é como o que está em cima para realizar o milagre da unidade, enuncia a Tábua de Esmeralda de Hermes Trismegisto"*. A teoria da unidade faz corresponder o macrocosmo – o Universo – e o microcosmo – o Homem. *"Ou melhor, não se pode contrapor os dois planos: há interpenetração, interferência entre eles. São apenas dois aspectos da mesma unidade. A matéria não se opõe ao espírito. Ambos se reduzem ao mesmo princípio."*

Para o autor, a pretensão da Maçonaria de atingir o Absoluto pela via iniciática justifica-se pelo apelo à Tradição. O termo designa tanto a origem do Conhecimento quanto seu modo de transmissão. O primeiro é absoluto e imutável, o segundo adapta-se aos tempos e aos meios.

Se colocarmos entre parênteses a pretensão de "conhecimento revelado" das religiões, *"ligando-nos ao seu conteúdo esotérico, percebemos que as religiões assim sublimadas em seu princípio, reduzem-se ao esforço, à busca da Perfeição, à comunhão do Homem com o Ser no Conhecimento e no Amor (...) Seu esoterismo permite encontrar o elo comum, que eleva cada uma delas, elevando-as a todas. Essa identidade, fenômeno imemorial, fez pensar numa tradição, numa revelação – seja sobrenatural, seja sentida intuitivamente pela visão elevada de alguns sábios –, tradição hoje perdida sob os véus das diversas religiões e que importa redescobrir pela compreensão esotérica dos símbolos idênticos que a exprimem em cada um dos cultos e liturgias"*.

A Maçonaria, escreve A. Pike, *"...não sendo de nenhuma religião, encontra em todas suas grandes verdades. Não tira a fé de nenhum credo, exceto no caso em que esse credo venha a diminuir a auto-estima da Divindade e a degradar-se ao nível das paixões do gênero humano, negue o alto destino do Homem, ataque a bondade e a benevolência de Deus supremo, solape as grandes colunas da Maçonaria: a Fé, a Esperança e a Caridade"*.[7]

A Conclusão do livro, falando sobre a influência e perspectivas

[7] Op. cit., pp. 107-108.

de futuro, é bastante longa para se citar inteiramente aqui, embora seja também tão bela e profunda que não pode deixar de ser mencionada: *"No plano geral da Arte, se a Beleza em si, como o diz Platão, é una, simples, eterna, universal, imutável, incorpórea e invisível, assim como o Bem, compreende-se o quanto a via iniciatória, comunhão íntima e emotiva com o Perfeito, pode ser o modo de realização do Belo. Na medida em que a Maçonaria pretende trazer o conhecimento absoluto por meio de uma iluminação supra-racional, seu pensamento move-se no mundo dos símbolos, das analogias. Por conseguinte, tende muito naturalmente a recorrer à Arte como modo de expressão. (...) Já se observou muitas vezes que o seu melhor desabrochar [da Iniciação] se encontra em A Flauta Encantada, obra, segundo Wagner, do gênio da luz e do amor que foi o Irm.·. Mozart".*[8]

Após mostrar a influência do pensamento esotérico na literatura e na filosofia, o autor se achega à ciência: *"Depois de Bergson, sabe-se que a razão dialética não é a única forma de pensamento. Existem correntes de subconsciente, até de superconsciente, de intuição criadora, únicos modos talvez de apreensão do Absoluto. (...) Os descobrimentos da ciência, por seu turno, reconduziram a atenção para os alquimistas de outrora. E essa ciência, que reveste uma expressão cada vez mais matemática e tende, com Einstein, Louis de Broglie ou Fred Hoyle, a encerrar o mundo numa fórmula, volta a dar destaque ao princípio fundamental do hermetismo: a Unidade".*[9]

Confiando demasiado na ciência, *"desorientado e consciente da imensidão do tempo e do espaço, mede o homem, com inquietude, sua vaidade e sua inutilidade aparente no seio da enormidade sideral. Ao mesmo tempo, assistimos, a despeito das barreiras ideológicas e de interesses, uma planetarização de um neo-humanismo em cata de um valor universal e transcendente. (...) Compreende-se o sentido profundo desta frase de Oswald Wirth: 'a Maçonaria está destinada a refazer o mundo, e a tarefa não é superior às suas forças, contanto que ela se torne o que deve ser'".*[10]

Li, reli e copiei. Espero que agora apreenda!

---

[8] Op. cit., p. 135.
[9] Op. cit., p. 138.
[10] Op. cit., p. 139.

A Arte Real

Uma das coisas mais mencionadas em Maçonaria, é que somos cultores da Arte Real. Como "descendentes" dos Arquitetos medievais, nos orgulhamos disso. Mas será que meditamos o suficiente sobre essa afirmação para que extraiamos dela o profundo significado que ela encerra?

Um dos processos sociais mais atuantes e mais perigosos no mundo atual (um dos mais perigosos inimigos de Hiram na atualidade), é sem dúvida o apelo à individualização. É um chamado *paradoxal*, pois numa sociedade de massas, de consumidores, esse chamado na verdade é um convite apenas à heteronomia[11], pois o que esse canto de sereia entoa é, na verdade, *"**Todos** vocês **devem** se tornar indivíduos"*. É como se a sociedade nos dissesse: *"Seja diferente; torne-se um igual"*.

Dessa forma, devemos ser **todos** homens de sucesso, consumidores, executivos, criativos, etc. Por isso, num mundo onde parece haver o culto do indivíduo, o que realmente assistimos é uma *"macdonaldização"*, isto é, uma padronização que salta aos olhos na *moda*, nos *símbolos de status*, nos *comportamentos* dos adolescentes, etc.

O fenômeno que está por trás dessa padronização, e que a torna grave, é o da *idealização* do coletivo. Ao idealizar a sociedade (grupo, empresa, classe social, Rotary, Maçonaria), ao transformar o coletivo em *ídolo*, em coisa capaz de me dizer o que fazer, como ser, como ser

[11] Orientação do indivíduo por valores *externos* a ele. O contrário de autonomia.

recompensado ou punido, enfim, **ao adquirir uma identidade coletiva**, eu renuncio à possibilidade de possuir uma identidade real, minha, decorrente não apenas da minha *pertinência* social, mas, principalmente, de minha *reflexão* sobre meu existir.

É essa reflexão, essa capacidade de "desviar" do padrão coletivo, que me é solicitada como missão ao ser iniciado no Segundo Grau. Após ter estudado e compreendido minhas forças e fraquezas, minhas possibilidades e limites, agora sou desafiado a retomar meu "Eu", a deixar a "individualização" e a começar o processo de *individuação* – que não se confunde com aquele.

Ao deixarmos de nos identificar **no** coletivo, deixamos também de idolatrar esse coletivo. Dessa forma, não mais *seremos* brasileiros, católicos, empresários, ou Maçons, mas seremos um "Eu" que busca sua senda *através* de sua cultura, de sua religião, de sua atividade profissional, de seu caminho iniciático.

São coisas muito diferentes e compreender essa diferença é essencial para chegarmos a Mestres (de nós mesmos). Quando a compreendemos, começamos a ser realmente adeptos da Arte Real. Isso tem um profundo significado filosófico, psicológico e social. Deixemos falar os Artistas:

Dizia HUNDERTWASSER a seus alunos: *"Se vieram para aprender, é ainda pior, porque vão aprender coisas que não lhes são próprias, que não correspondem a vocês e que estragarão suas vidas. A única maneira de se encontrarem enquanto artistas é através de sua própria* ***ação criadora,*** *e isso pode ser feito* ***somente em suas casas,*** *não na escola"*.[12]

Paul KLEE escreve: *"O que quero ensinar a meus alunos não é a forma fechada, imobilizada; é a formação, a gestação, o nascimento, o primeiro movimento indistinto da matéria, antes que ela se fixe em natureza morta"*.[13]

Victor SEGALEN aconselhava: *"Evita escolher um lugar de asilo.*

---

[12] *Psicossociologia – análise social e intervenção.* Diversos Autores. Belo Horizonte: Autêntica Editora, 2001, pp. 35ss.

[13] Idem.

Chegarás, meu amigo, não ao charco das alegrias imortais, mas aos remansos cheios de embriaguez do grande rio da diversidade".[14]

Como diz Eugène ENRIQUEZ no livro citado: "*...não me interesso particularmente pela vontade que os grandes homens têm de transformar* ***todas*** *as variáveis do mundo (uma tal preocupação é de um espírito 'elitista'); levo a sério, em compensação, a vontade de cada um de fazer mudar as coisas (****pequenas e grandes****), e o desejo de criar,* ***aqui e agora****, uma novidade irredutível*".[15]

Eis do que se trata a Arte Real. Eis o que é **ser** artista, tornar-se Arquiteto de um mundo novo **através** da Maçonaria.

∴

[14] Ibidem.
[15] P. 35 (grifos meus).

Mito e Maçonaria

Uma necessidade bem atual

A Maçonaria, como toda instituição normativa, faz largo uso, em seu processo pedagógico, dos mitos. O mito, a exemplo da parábola, é instrumento eficaz na transmissão de idéias e valores considerados importantes e eram ambos, na Antigüidade, quase que exclusivos como estratégias discursivas de edificação moral.

Na Maçonaria, o mito central é o da morte de Hiram Abi, sendo que a história da construção do Templo de Salomão serve-lhe, ao mesmo tempo, de preâmbulo e de contexto. Por isso, à evolução gradual do Maçom correspondem as sucessivas transformações do mito, num processo dialético de crescimento onde o mesmo mito engendra novas e sucessivas visões de mundo, formando uma espiral ascendente.

Desde os primórdios da humanidade, o ser humano atém-se menos aos fatos e mais aos "significados" a ele associados. Essa tendência tem duas funções importantes num mundo que é um estranho desafio à compreensão humana: apazigua as emoções e dá sentido às ações.

Enquanto que o conhecimento científico se baseia em argumentos calcados em fatos e provas que pouco se importam com o sentimento humano, apelando para a razão, o mito tem sua veracidade baseada apenas na "aceitação" e na "coerência". Daí resultarem essas duas formas de conhecer o mundo: a científica, denominada paradigmática, e a segunda, denominada narrativa.

Embora diferentes, as duas formas de compreender o mundo são complementares, pois enquanto a primeira busca "a verdade", a segunda busca uma explicação coerente e satisfatória às pessoas. A ciência pode criar critérios que distingam o bem do mal, a vida da morte; só a lenda e o mito podem nos inclinar a um ou a outro, pois organizam em torno de uma idéia toda uma constelação de crenças, sentimentos e imagens que induzem atitudes e comportamentos.

Algumas histórias que narram a origem do Universo, da vida e do homem, tornaram-se mitos coletivos e representam já o conjunto de verdades metafísicas das sociedades.

A ênfase maior da educação ocidental, tanto formal quanto informal, é na valorização do conhecimento científico, donde se compreende por que todo cartomante quer ser "professor" e toda doutrina esotérica se diz "ciência" do ocultismo. Em nossa sociedade, o que não é "científico" não é digno de crédito.

Mas como a visão científica de mundo não dá sentido aos desejos, nem explica os dramas e sofrimentos humanos, atende ao lado racional do homem, mas deixa em completa carência seu lado emocional. E esse é tão importante quanto o outro no equilíbrio psíquico (...senão mais!).

Na vã esperança de encontrar significado para sua vida pelo uso e abuso da linguagem racional, o homem moderno vive conflitos cada vez mais insuportáveis. Esse fato, se não é causa eficiente, é importante variável interveniente na explicação do surto de movimentos e seitas "irracionais" que se multiplicam ad-infinito nos dias de hoje; também, no outro extremo, ajuda a explicar o niilismo e ceticismo exacerbados do homem moderno.

Neste último século, muitos e importantes estudiosos do homem, como Karl Jung, Mircea Eliade, Joseph Campbell, vêm alertando para a importância de integrar a visão científica, racional, linear, com o modo narrativo, mítico, para que se possibilite uma nova harmonização da consciência humana.

Que o espírito humano não evoluiu no ritmo e velocidade da ciência e da tecnologia, é fato indiscutível. Numa época onde os sintomas de intoxicação da racionalidade são tão visíveis; onde os critérios da inteligência emocional já são considerados mais importantes que o quociente intelectual da racionalidade; temos que repensar os valores relativos que atribuímos às formas de percepção do mundo e da realidade.

Por isso, há algum tempo, por razões pessoais e profissionais, venho pensando a questão do mito. Além de ser instrumento pedagógico fundamental na Maçonaria, se constitui tema instigante em nossa época, tão orgulhosa de seu racionalismo e de sua tecnicidade.

A teoria de Max Weber do "desencanto" da sociedade moderna – no sentido da secularização e racionalidade crescentes – vem tendo hoje sua contraprova na descoberta dos mitos modernos – que, por fazerem parte de nosso caldo cultural são mais difíceis de serem percebidos –, que modelam idéias e comportamentos de indivíduos, grupos e inclusive organizações econômicas[16].

A resistência ainda encontrada em relação aos mitos, fruto de uma sociedade que fez o corte cartesiano[17] entre as coisas do espírito (emoções, intuição, transcendentalidade) e as coisas da matéria (racionalidade científica, praticidade, fruição), desvaloriza o mito no "mercado das idéias".

Esse meu interesse pelo tema foi recentemente reativado por um excelente artigo da psicóloga Alessandra F. Carreira[18], que, conquanto tenha por objeto o "mito individual" numa abordagem psicanalítica, renovou minha vontade de voltar ao tema com um tratamento novo e enriquecido por citações que reforçam a linha de raciocínio que venho há tempos perseguindo quanto à função do mito na Maçonaria.

---

16 ZIEMER, Roberto. *Mitos Organizacionais*. São Paulo: Atlas Editora, 1996.

17 A hipótese de que tal cisão se deve a Descartes ainda está por ser demonstrada.

18 CARREIRA, Alessandra Fernandes. *O Mito Individual como Estrutura Subjetiva Básica*. Revista Psicologia Ciência e Profissão, nº 3, 2001, p. 58.

Lévi-Strauss[19] afirma que o mito é um sistema que se relaciona concomitantemente com o passado, o presente e o futuro, pois, apesar de descrever um fato que ocorre num momento definido do tempo, é como se transmitisse não esse fato, mas uma estrutura. Essa estrutura, que é a lógica dominante da narrativa, é que se repete continuamente no mito.

Dessa forma, o mito é uma "história" que tem simultaneamente tanto uma função sincrônica (não-histórica, relacionando elementos de forma a transmitir uma mensagem) quanto diacrônica (histórica, inserida num período de tempo determinado).

Por nos colocar *simultaneamente* diante de uma narrativa que nos apresenta uma descrição de um fato aparentemente histórico e de uma lógica ("mensagem") que o ultrapassa, Rocha[20] coloca que o mito não é *passível* de interpretação, mas *exige* uma interpretação.

Os estruturalistas já haviam apontado nos fenômenos sociais essa possibilidade de mudança contínua dentro da permanência da mesma estrutura (algo como "as coisas mudam para que permaneçam sempre como estão").

O mito permite, por essa sua condição de temporalidade-atemporalidade, uma sucessão de interpretações que produzem uma evolução em espiral, isto é, variando-se a narrativa sempre em torno do mesmo eixo se vai evoluindo no sentido de níveis de percepção cada vez mais amplos.

Enfatizando a "estrutura" e não os "fatos" narrados, Campbell[21] nos diz que o mito *é* a verdadeira história, pois ele não pretende descrever um fato histórico verdadeiro, mas deseja fazer alusão a uma verdade que, de outra forma, seria inenarrável, pois pareceria apenas "um mito", no sentido usual de "uma mentira". É a mesma opinião de

---

[19] LÉVI-STRAUS, C. (1970) *Antropologia Estrutural.* Rio de Janeiro: Edições Tempo Brasileiro. In: CARREIRA, Alessandra Fernandes, op. cit.

[20] ROCHA, E. (1991) *O que é Mito.* São Paulo: Brasiliense. In: CARREIRA, Alessandra Fernandes, op. cit.

[21] CAMPBELL, Joseph. (1991) *O Poder do Mito.* São Paulo: Editoria Palas Athena.

Boyer[22], que, citando Lacan, nos diz que *"(...) essa ficção mantém uma relação singular com alguma coisa que está sempre por trás dela e da qual ela porta, realmente, a mensagem formalmente indicada, a saber, a verdade. (...) A verdade tem uma estrutura, se podemos dizer, de ficção".*

II

Essa "defesa" teórica do mito, como portador de uma mensagem significativa, não nos exime, contudo (talvez até nos *obrigue a*), de enfrentarmos uma questão extremamente importante, que a esta altura já deve estar na mente do leitor: mas em função de que o mito, uma narrativa de fatos históricos visivelmente inconsistentes, é aceita por uma coletividade de homens que se pretendem "racionais" e "modernos"?

Para compreender esse aparente paradoxo, temos que tratar separadamente os dois substantivos envolvidos na questão: "homens" e "coletividade".

A essência do Homem (ser humano) é sua dialeticidade, seu caráter eminentemente histórico. O ser humano não é um "Ser", mas um "Vir a Ser". O ser humano está em constante construção, e se define mais pelo caminho que pelos objetivos (os quais, diga-se de passagem, estão sempre *além*). Dado isso, sua estrutura existencial e a do mito são isomórficas: seu "Ser" é simultaneamente definido pelo passado, pelo presente e pelo futuro (e, acrescentaríamos, pelo transcendente), apresentando tanto um aspecto de permanência quanto de mudança. Se a descrição dos fatos históricos concretos, acontecidos, realizados, falam dos feitos humanos, de seus produtos, o mito, com sua intangibilidade, fala da e à própria essência do humano.

Falar de coletividade, por seu turno, implica uma abordagem sociológica, do ser humano enquanto ser gregário, parte de uma

---

[22] BOYER, P. (1977) *O Mito no Texto.* In: NASCIMENTO C.A.R. do. *Atualidade do Mito.* São Paulo: Livraria Duas Cidades. Citado em: CARREIRA, Alessandra Fernandes, op. cit.

História que é coletiva e que contorna sua história individual assim como as margens de um rio contornam suas águas, orientando seu fluxo.

A História do Ocidente é a História da evolução social do modo de produção capitalista que, para resumir ao que nos interessa, tem acentuado dois processos que, aparentemente distintos, se produzem, reproduzem e reforçam mutuamente: a ideologia da individualização (ilustrada pelo incentivo ao consumo individual e ao narcisismo, pela valorização individual no trabalho, pela política de diferenciação salarial, pelo enfraquecimento das organizações sindicais, etc.) e pela separação entre o trabalhador e o produto final de seu trabalho, que faz com que não nos reconheçamos mais naquilo que produzimos (ao contrário dos mestres artesãos, por exemplo).

A *resultante* desses dois processos é um sentimento de separação da coletividade, de não-pertinência, de isolamento, um sentimento de que o social não é uma responsabilidade nossa.

Como ser essencialmente social, contudo, o ser humano, pela necessidade de pertencer à comunidade, fica com um "furo" existencial, um vazio, um profundo sentimento de solidão, que gera uma necessidade profunda de religar-se ao coletivo, de re-pertencer à comunidade. Aliás, re-ligação é a origem etimológica da palavra religião.

Não é essa a base de onde a propaganda consumista tira sua força: "*Torne-se diferente. Compre o que todo mundo compra*"?

Pertencer à Ordem, satisfaz uma série dessas carências psicossociais criadas pela evolução histórica do capitalismo: nosso sentimento de solidão; nosso sentimento de des-pertinência; a secularização de nossos valores, que nos separou da fonte transcendente de explicação de nossas existências; nosso sentimento de pequenez, por nos sentirmos indivíduos isolados frente a organizações econômicas, sociais e culturais cada vez mais poderosas; e outras razões mais pessoais que podem ser acrescentadas *ad infinitum.*

Essa necessidade psicossocial de religar-se, de tornar a pertencer, é satisfeita pela adesão ao grupo – à Loja, como instância concreta de participação, e à Ordem, como instância simbólica de Poder.

Mas isso, por si só, não explica o porquê de, entre tantas ofertas, optarmos por essa ligação específica. Aí aparece a importante função desse duplo caráter (imanente e transcendente, histórico e a-histórico) do mito. O mito que com-partilhamos, no nível narrativo, por ser também "um segredo", tanto nos *identifica* (nos dá uma identidade) quanto nos *distingue* (nos faz diferentes e – se isso não ofender ninguém – nos dá um certo sentimento de superioridade).

No nível da Verdade que ele contém – verdade efetivamente misteriosa, pois que nos introduz, pela Iniciação, numa senda que nos compromete com uma busca que envolverá nossa vida toda, em níveis cada vez mais profundos, dos quais os três Graus Simbólicos são apenas pálidas representações – ele atende à nossa necessidade de transcendência, pois "explica" o porquê do sentimento de perda que experimentamos, a "perda da sabedoria ancestral", a "nossa" perda do paraíso.

Nesse sentido, o mito que nos une torna-se nosso "Graal", nossa "pedra filosofal", e talvez por isso (por buscar uma Verdade racional e transcendente) tenhamos esse sentimento de que a Maçonaria é uma "religião laica", ou "uma racionalidade mística", ou a "religião natural" que atraiu antigos e modernos.

III

Nesta altura de nossa reflexão, chegamos à terceira, mas não menos importante, questão: se vincularmos a Maçonaria à questão sociológica de uma sociedade que se des-humaniza de forma tão evidente por razões morais, políticas e econômicas as mais diversas, a Maçonaria faz parte do problema ou da solução?

Encontramos a resposta na própria filosofia que se desenvolve a partir da busca da Verdade que a Ordem vem secularmente fazendo. O caráter dialético dessa filosofia, que *se impõe* em nossas Instruções, nas pesquisas e nas reflexões sobre a Ordem, deriva como conseqüência necessária do caráter dialético de sua base: o mito. Não é isso (só para não nos alongarmos em mais argumentos) para o que se alerta quando refletimos sobre "o perigo" do número Dois, ou sobre como o Um que se revela Dois tem sua síntese (e superação) no Três?

Se nos deixamos seduzir por um dos termos da proposição, o aspecto da satisfação de nossas necessidades psicossociais, sentindo-nos "justificados" e "satisfeitos", então estamos a um passo de nos tornarmos adeptos do "narcisismo coletivo" que acentua o quanto somos seres "especiais", detentores de uma verdade que os pobres Profanos desconhecem. Aí, desconhecedores do conteúdo, nos satisfazemos com as formas, e *idolatramos* os símbolos (inclusive medalhas e diplomas) – isto é, tomamos a representação como se fosse o objeto que ela representa.

Cultivaremos a "alienação" – uma falsa explicação da realidade, falsa porque toma a imagem pelo objeto e confunde a essência com a aparência. Não percebemos que, entre os buscadores sinceros da Verdade, *"nem todos os que estão são e nem todos os que são estão"*. Como conseqüência, dividimos o mundo de forma maniqueísta entre bons (nós) e maus (os Profanos), entre puros (nós) e impuros (os Profanos), e (heresia das heresias maçônicas) criamos um novo *fundamentalismo*. Com **essa** opção, fazemos parte do *problema*, pois apenas acentuamos o mal que desejamos eliminar: a inconsciência da unidade do Humano, que não admite separações ideológicas, sejam elas econômicas, políticas ou religiosas. Isso talvez explique parte das "desilusões", do "absenteísmo", e do apego orgulhoso aos "feitos" e aos "heróis" de nosso passado – apego que pode ser legítimo, se não transformar esses feitos e esses heróis de "exemplos" em "medalhas"[23].

Se, por outro lado, nos conduz à Verdade que o "segredo" do

[23] O apego ao outro extremo, ao transcendentalismo exclusivo, que transforma a Maçonaria numa religião, numa seita esotérica ou numa "escola de mistérios" (sem negarmos o quanto de mistério, transcendência e real misticismo há na busca d'A Verdade), por caber na mesma análise crítica, não será aqui desenvolvido, além de dar, por si só, um novo texto.

mito, com sua dialeticidade pretende nos transmitir: que somos parte d'A Verdade, por mais que a desconheçamos, e isso faz de nós uma Unidade (o que não exclui as diferenças naturais), seres com compromissos coletivos e universais (nossa filosofia tem resistido aos séculos porque transmite essa parcela da Verdade, não só nas linhas e entrelinhas das Instruções, como no Ritual, nas Iniciações e nos Símbolos);

que, como corolário dessa proposição, toda ideologia que pretenda romper com essa unidade é sectária e des-humana e, como tal, tem que ser combatida;

que, como conseqüência dessas proposições, temos um compromisso de engajamento ao processo de re-humanização do mundo, compromisso que nos obriga a – mesmo que como indivíduos "estejamos" vinculados a uma religião ou a um partido – uma postura teleológica que nos faz adotar valores que estão sempre acima e além dos partidos e das religiões, nos unindo no respeito fraterno às diferenças individuais, culturais, políticas e religiosas;

então estaremos contribuindo para o processo de desalienação do ser humano, para a realização (mesmo que utópica) da Liberdade, da Igualdade e da Fraternidade, e aí, sim, faremos parte da *solução* e não do problema.

∴

Tendências atuais e Maçonaria

O Irm.·. Descartes de Souza Teixeira, na revista O Prumo de julho/agosto de 1997, faz excelente análise dos movimentos antimaçônicos no fim do séc. XX.

Não se limitando a descrevê-los nem a rebatê-los, contextualiza esses movimentos, situando-os no quadro sócio-político atual. Na sua origem, como Maçonaria dos Aceitos, ela representava uma ameaça a uma ordem política reacionária, mantida pela aliança de duas forças extremamente conservadoras: a Igreja e a aristocracia. Mas por que a Maçonaria representava uma ameaça, se era originalmente formada por aristocratas, burgueses e clérigos? Só se combate aquilo que representa uma ameaça, seja ela real ou imaginária.

> *Imaginavam seus mentores que Homens de diversas crenças e origens, comprometidos por juramento firmado secretamente, sujeitos a penalidades severas em caso de perjúrio, estariam urdindo uma campanha para destruição da Igreja e da ordem secular constituída* (p. 6).

No início do século XX, a igreja Católica na Europa ganhou novos aliados na luta antimaçônica: os regimes fascistas na Espanha, Itália e Portugal que, por sua própria natureza ditatorial – como também ocorreu nos países comunistas – eram antagônicos a qualquer tipo de associação livre, especialmente uma que se propunha a ser contrária a qualquer forma de opressão.

Hoje, no fim do século, as investidas antimaçônicas, originadas principalmente nos grupos cristãos fundamentalistas norte-americanos, possuem outra motivação: *"Nossa tese, (...) é que as transformações pelas quais passa o mundo atual, vivendo o chamado pós-modernismo, com a chamada globalização da economia, as facilidades de comunicação, a migração crescente de grupos populacionais, o desenvolvimento vertiginoso, o avanço da ciência e da tecnologia criando novos paradigmas e derrubando mitos, e a queda das barreiras político-ideológicas leste/oeste com o fim do comunismo soviético, estão engendrando crescente radicalização em grupos nacionalistas conservadores, em várias regiões do planeta"*. Ressalta que os novos confrontos, como se pode ver nos conflitos regionais que eclodem em todo o globo, são de natureza cultural, *"no qual a religião tem papel preponderante"* e, como diz Samuel Huntington, *"multipolar e multicivilizacional"* (p. 10-11).

A tese do Irm∴ Descartes é absolutamente consistente. Poderíamos ampliá-la ainda mais, especialmente quando ao aparente paradoxo de que o processo de globalização engendra um movimento de radicalização nacionalista, regionalista, grupal, acrescentando uma hipótese referente ao processo de expansão capitalista, que veio a originar a globalização: o capitalismo é um sistema de natureza classista e, conseqüentemente, privatizante/individualista. É condição de sua sobrevivência, contudo, ter que se expandir em mercados cada vez mais amplos. Começando por estender-se a nível nacional – dando origem aos Estados-Nações modernos – o capitalismo, posteriormente, espraiou-se por todo o planeta, caracterizando fases específicas bem conhecidas de seu desenvolvimento.

A universalização de qualquer processo, contudo, num dado momento passa a engendrar um ator de espírito igualmente universal, ao qual fronteiras de qualquer espécie (geográfica, religiosa, ideológica) acabam por se tornar intoleráveis. A experiência da globalização acaba por fazer surgir uma leitura holística de mundo, uma sensação da unidade do todo, como se exemplifica nas preocupações atuais. O cosmopolitismo, no nível social, e a secularização, no nível religioso, são exemplos disso, decorrentes, um da expansão geográfica e outro da expansão do conhecimento.

Essa contradição engendrada pelo processo de expansão capitalista talvez seja hoje mais revolucionária que a velha esperança do conflito de classes, pois que se dá ao nível da formação da consciência.

Esse movimento de rompimento das fronteiras, com a conseqüente criação da aldeia global, acaba se constituindo em uma ameaça econômica, política e ideológica aos velhos e seguros redutos do indivíduo, da família, da região, etc., pois que a expansão quantitativa das relações, traz conseqüências que afetam até o nível das relações interindividuais.

A primeira reação de medo a essa mudança, no nível psicológico (melhor diríamos psicossocial), é o apego rígido ao "conhecido", embora o "conhecido" aqui signifique o passado, as velhas formas de relações tradicionais: regionais, nacionais, religiosas.

Não se trata aqui de afirmar o fim do sentimento regionalista, nacionalista ou religioso, trata-se, isso sim, de levantar a hipótese de que, no processo de globalização, esse espírito terá que adquirir novas formas, mais consentâneas com a realidade que se impõe.

Estaríamos, então, se esta hipótese tem alguma validade, vivendo os espasmos de agonia do "velho mundo" que luta para não mudar.

A excelente análise do Irm∴ Descartes, finalmente, põe a descoberto uma verdade das mais incômodas: a Maçonaria, por sua natureza humanista, libertária e universalista, se situa sempre no futuro, constituindo-se num paradigma ideal tanto para regimes que se digam democráticos quanto para práticas que se pretendam morais ou religiosas. Exatamente por isso se torna e se tornará sempre intolerável para a práxis de instituições intolerantes ou opressoras.

Disso decorre ainda que, quando a Maçonaria não estiver sendo atacada ou perseguida, ou ela não estará cumprindo seu papel ou estará traindo seu ideal.

∴

PARTE II

Colocando as Pedras Filosóficas

Maçonaria – Um Ensaio Filosófico

Pequena resenha do livro de Léo Apostel

I

Este trabalho é uma breve apresentação do livro de Léo Apostel – *A Maçonaria, um Ensaio Filosófico*, prefaciado pelo Irm.·. Morivalde Calvet Fagundes, Presidente da Academia Brasileira Maçônica de Letras do GOB e editado pela "A TROLHA" em 1989.

A estrutura da obra é composta por um comentário sobre o método utilizado no livro; uma análise das abordagens: sócio-histórica, hermenêutica e uma terceira à luz de três teorias caras ao autor: a psicanalítica, a marxista e a estruturalista; em seguida o autor discute a posição de alguns filósofos Iniciados na Maçonaria e finaliza apresentando algumas conclusões à guisa de proposta.

O trabalho, a meu ver, apresenta dois grandes motivos de interesse: primeiro, é uma das raras análises verdadeiramente rigorosas, do ponto de vista científico, da Maçonaria como filosofia e como práxis; segundo, é uma fonte de compreensão dos vários problemas sentidos no cotidiano das Lojas, como os conflitos, as dissensões e as desistências, pois revela as contradições internas da instituição, inerentes ao seu caráter social e histórico. Neste segundo aspecto, denuncia

– tanto nas linhas quanto nas entrelinhas – a atitude tão comum às instituições confessionais (seja a Maçonaria sejam as Igrejas) de "enfiar a cabeça no buraco" para não se confrontar com uma prática contraditória que não raro se choca com a postura idealista e idealizante da doutrina. A alienação (no sentido de não enfrentamento do real vivido) é o grande mecanismo de defesa das instituições morais e, como mostra o autor, seu primeiro paradoxo, pois se propõe a buscar a verdade tendo como instrumento uma superestrutura que é construída para não discuti-la.

Essa contradição, aliás, já se manifesta na apresentação feita pelo Irm∴ Fagundes, que propõe a obra para publicação por ser "*...um trabalho de fôlego, com uma imensidade de informações e uma abrangência jamais alcançada por outro filósofo maçônico, em todos os tempos...*" embora (**sic**) não esteja afirmando "*que o estudo tenha sido completo e o assunto esgotado*". Mas por que tal obra é, ao mesmo tempo, tão completa e tão incompleta? Porque não se assemelha às do "*...confrade Carvalho Neves, de Teresina, acompanhado de longe pelo confrade Fernando Fagundes*" (p. 5) ou porque propõe "*...aperfeiçoamentos, o que, realmente, não tem nada com filosofia, mas se trata de política administrativa. Foge do assunto*" (p. 6). O viés político das ressalvas não só salta aos olhos como ainda serve de melhor exemplo das teses defendidas no livro.

A questão que anima o autor surge da constatação de que a Maçonaria é uma tentativa de promover o encontro íntimo de indivíduos social, psicológica, ideológica e emocionalmente diferentes e, daí, a pergunta: será realmente possível e válido tal empreendimento? Já na Introdução, o autor confessa sua adesão ao ideal maçônico e sua convicção de que "*a tensão é eterna e, no entanto, é também eterna a vontade de compreensão e de fusão interior*" (p. 12).

Essa postura faz da obra uma análise crítica positiva da práxis maçônica e não, como pode parecer ao leitor mais apressado, uma crítica ao ideal maçônico. É mais uma tentativa de aperfeiçoamento, o que é inerente ao próprio ideal, do que uma ameaça. O aperfeiçoamento passa, sim, também por razões e transformações políticas e a não compreensão disso só pode resultar numa postura conservadora e, conseqüentemente, oposta à busca da verdade que pretendemos como ideal.

II

A análise começa com a fundação, em 1917, da primeira superestrutura política da Maçonaria por Joseph Theophile Desaguliers e com as inevitáveis perguntas: *"O que havia de especial na Inglaterra em 1717?"* e *"quem era Desaguliers?"* (p. 21). As duas respostas têm muito em comum: um pastor protestante, admirador de Isaac Newton e seu divulgador, imigrante francês e vítima da intolerância religiosa, vivendo num contexto que perdia sua unidade ideológica pelo conflito social intenso numa sociedade que lidera as transformações mundiais do mundo novo capitalista.

Nessa civilização, as relações humanas se tornam impessoais e contratuais e a intensa divisão social do trabalho revoluciona os hábitos e a cultura tradicionalmente humanistas, sem que haja já um sistema de valores prontos para ocupar os vazios que vão se formando nos espíritos.

Mas que grupo de homens era esse que buscava tão ansiosamente um novo equilíbrio psicossociológico que atenuasse o sofrimento de suas contradições interiores? *"...o grupo era composto por cavalheiros suficientemente ricos, de boa reputação, leais à coroa e às leis da nação. Estavam, evidentemente, excluídas as mulheres, os negros, os criados e os escravos, os aleijados e os ateístas professos e os revolucionários"* (p. 22). Esse grupo de *"reformadores conservadores"*, nesse contexto histórico, buscava um ideal de *"homem universal"* e *"uma religião comum a toda humanidade"* que se constituíam em *"úteis mentiras"* para conciliar opostos irreconciliáveis (p. 22), isto é, a tentativa de superar a alienação das relações sociais capitalistas que se instalavam. Um núcleo de união que transcenda as distâncias sociais, só pode existir se for contra qualquer impulso de transformação radical e se torne o *"...pote de fusão, [idéia] tão bem representada pelo notável diplomata maçônico Benjamim Franklin"* (p. 26).

Dentro dessas condições, o desejo de um núcleo universal "*...gerava concepções diversas do mesmo, bem como da estratégia necessária à sua realização*" (p. 28). São os antagonismos inerentes ao próprio conflito mundial do século que impossibilitam à fórmula maçônica reeditar seus primitivos sucessos.

Passando do contexto ao texto, Apostel efetua uma análise hermenêutica da Maçonaria, confrontando seus significados literal, alegórico, analógico e místico, já que, em toda parte, "*...as reuniões das Lojas são encerradas e abertas usando-se as mesmas palavras e gestos ritualísticos. Os Templos Maçônicos têm aspecto similar...*" (p. 35) e os Rituais de Iniciação apresentam estruturação semelhante.

Um símbolo, na definição do autor, é "*...um objeto, uma propriedade, um processo ou uma pessoa capaz de evocar, em quem o contemple...*" uma multiplicidade de significados intelectuais e parcialmente emocionais, suficientemente imprecisos para serem passíveis de várias interpretações, mas dentro de limites que não permitam a interpretação puramente arbitrária (p. 36). "*Os Símbolos Maçônicos estão repletos de gestos humanos de extrema simplicidade*": o aperto de mãos, os passos, o abraço e permitem a "*comunhão parcialmente consciente e parcialmente inconsciente de diferentes mentes e emoções*" (p. 37). Nesse aspecto, o autor afirma que (embora possa ser talvez impossível) a Maçonaria é a tentativa, dentro de uma sociedade não mais tradicional, de criar uma Iniciação que seja uma verdadeira emancipação.

Em sua análise hermenêutica da simbólica maçônica, o autor acentua o aspecto de oposições dialéticas no Templo e nos Rituais, da luz e da sombra, do norte e do sul, do preto e do branco, dos dois guardiões, do Oriente e do Ocidente, opostos que "*...se encontram, coexistem e se tocam, mas nunca se dissolvem um no outro, nunca vencem o antagonismo e nunca se transformam sinteticamente*" (p. 40). Aqui o autor afirma ver na Maçonaria "*...um contra-movimento para a unificação da humanidade*" onde o "*...homem ocidental se revela a si mesmo (recebe a* *luz), por vir a se considerar o Realizador, o Transformador, e a compreensão é o seu êxtase"* (p. 42). É o grande fruto da razão. *"Vemos aqui, realmente, que a Maçonaria é o misticismo de uma sociedade de trabalhadores, em uma sociedade tecnológica"* (p. 43). Ao dizer que *"a unidade maçônica é o segredo de que não há segredo, porém segredo dos que estão reunidos pela busca do mesmo, condenados ao fracasso por suas próprias mãos"* [mito de Hiram] (p. 45), o autor chega, neste capítulo, à conclusão de que *"...o ideal maçônico encontrou, na simplicidade clássica dos três Graus (...) formas e meios simples de se expressar a possibilidade de transcenderem-se todas as separações entre seres humanos"* (p. 47) e que a Maçonaria tem sucesso em *"...demonstrar a imobilidade dentro do movimento, (...) [e] enfatizar a unidade da humanidade, mesmo no âmago da luta mais dramática..."* (p. 45).

No capítulo VI, o autor busca uma análise "externa", como ele mesmo diz, tentando uma interpretação à luz da psicanálise, do marxismo e do estruturalismo. Nesta parte ele analisa os três Graus filosóficos em função de seus Rituais e mitos. Esta análise, embora atraente por sua novidade, passa a ter um interesse meramente epistemológico, já que pressupõe uma tomada de posição intelectual e, conseqüentemente, ideológica. De certa forma, fazer a análise psicológica e sociológica do discurso e da práxis maçônica é importante, embora implique em fazer uma redução do assunto a um círculo mais interessado na perspectiva metodológica, a que deixo a leitura da própria obra, já que o autor buscou neste capítulo principalmente um reforço adicional a seus argumentos filosóficos.

Após abordar as influências dos principais filósofos ligados à Maçonaria, como Lessing, o romântico Herder, o político Fichte, o artístico Goethe, os sociológicos Krause e Proudhon, o autor constata em todos um viés comum: tanto o prenúncio das divisões que a Ordem viria a sofrer futuramente, quanto o esforço pela superação das desigualdades humanas. Após demonstrar o valor da discussão desses filósofos, o autor critica, ao final deste capítulo, o idealismo místico dos poucos filósofos do século XX que trataram do tema, como Wittgenstein e Heidegger, principalmente pelo seu aspecto mais emocional que racional.

Apostel vê na abordagem sistêmica uma possibilidade rica de, modernamente, se compreender a Maçonaria. Citando o sociólogo sistêmico Niklas Luhman, dir-nos-á que *"...quando quer que se desintegrem sistemas [como a sociedade tradicional em face do surgimento do capitalismo: nota do resenhista], são feitas tentativas para formação de subsistemas, procurando reintegrá-los; estes subsistemas, encontrando a hostilidade das tendências prevalecentes, são forçados a se proteger por meio de um certo grau de segregação. Como ainda não podem antecipar a forma de uma futura reintegração, estes podem ser levados a assumir as formas exteriores de integração anteriores, deixando, porém, o conteúdo em aberto, a ser preenchido, individualmente, por diversos participantes"* (p. 111).

Com esta explicação, Apostel permite a compreensão tanto da "tolerância" maçônica quanto da abertura dos Símbolos a múltiplas interpretações, já que estas duas qualidades estruturais permitem a convivência dos diferentes, antecipando *"a utopia ética de Kant do 'reino da liberdade e paz'"* (p. 113) em uma Loja que *idealmente* possibilita a desejada sociedade solidária.

Termina esta parte por discutir a obra de Roscoe Pound, o único filósofo Maçom americano moderno a quem diz conhecer, enfatizando a necessidade de maior diálogo entre as várias "filosofias" maçônicas, postulando que as diferenças das várias correntes parecem resultar mais da falta de conhecimento do que de divergências irreconciliáveis. Também aqui Apostel me parece um crítico otimista em relação à Maçonaria!

No capítulo VIII, última parte do livro, pretende alinhavar algumas conclusões práticas, fazendo, como ele mesmo diz, com que o filósofo volte à terra e reassuma-se como Maçom ativo.

Considerando que a Maçonaria foi extremamente feliz em permitir a superação da nobreza e burguesia e tendo possibilitado a transcendência das divergências religiosas no passado, hoje ela tem sido impotente para superar as diferenças entre classes sociais, entre sexos e culturas. Isso, entretanto, como ele diz, não *"constitui uma catástrofe"*, já que não diminuem as várias obras da Maçonaria no campo profano.

Contudo, visando o aprimoramento do ideal maçônico, Apostel propõe à discussão algumas medidas práticas, estruturalmente necessárias para a consecução daquele ideal, das quais destaco as mais polêmicas:

1. A Ordem deve deixar de ser uma sociedade "secreta" para ser apenas uma sociedade fechada, significando que seus membros devam ser conhecidos e socialmente comprometidos com os ideais maçônicos;
2. os recrutamentos baseados apenas em conhecimento e amizade devem cessar, criando-se uma forma mais impessoal de recrutamento e seleção;
3. os custos devem ser drasticamente reduzidos para permitir o acesso aos indivíduos menos ricos, mesmo que isso custe o fim dos dispendiosos banquetes;
4. nenhuma ação pública deve ser empreendida em nome da Maçonaria, pois ela deve continuar sendo o local onde *"é possível aos seres humanos de todos os credos (éticos e políticos), de qualquer cultura ou nacionalidade, de qualquer estilo ou temperamento, encontrarem-se como simples seres humanos"* (p. 124);
5. sem se publicar detalhes do Simbolismo, do Ritual ou da Iniciação, deve-se tornar público a essência histórica e o ideal da Maçonaria;
6. a Instrução, essencial à Maçonaria, deve ser mais cuidada e mais aprofundada em estudos e debates filosóficos, psicológicos, sociológicos e históricos que envolvam a todos os membros; disso decorre que o recrutamento deve ser mais vagaroso a fim de se permitir uma melhor formação dos membros e uma assimilação mais perfeita da doutrina;

7. entre outras coisas, o Iniciado em potencial deve ter um forte compromisso com algum objetivo maior impessoal, seja artístico, seja intelectual, seja político, seja desportivo, etc.;
8. para ser um Iniciado em potencial deve-se ter a capacidade de mudar e de crescer, mesmo que isso signifique defender pontos de vista impopulares;
9. a fim de preservar o estímulo espiritual fornecido *"pelos poucos Graus superiores dignos de serem alcançados – refiro-me primeira e principalmente ao 18 e ao 30"* as ligações entre Maçonaria Azul e Maçonaria Vermelha devem ser distanciadas o mais possível;
10. todas as organizações centrais das diversas Obediências (Grandes Orientes e Grandes Lojas) devem ser eliminadas e substituídas por uma rede de associações de Lojas, pois estas são os verdadeiros *"blocos de construção"* da Maçonaria;
11. finalmente, as Lojas devem se reunir com a mesma freqüência e profundidade em todos os três Graus, pois suas mensagens devem ser igualmente aprofundadas e sentidas.

O autor apresenta duas observações que considero como fechos de sua reflexão – uma política e outra profundamente maçônica. Quero concluir com esta última que, me parece, toca mais ao espírito de Apostel: *"Para o Maçom, constitui um perigo a auto-suficiência; aquele que clama por iniciar, seguidamente fica tentado a se julgar a si mesmo como Iniciado. Esse perigo se reconhece através das palavras: o Mestre se autodenomina 'aprendiz eterno'; entretanto, por que não poderia 'solicitar uma segunda Iniciação por ter-se modificado, tornando-se uma nova pessoa? (...) Sem dúvida essa prática seria difícil e árdua, porém existe alguma coisa mais difícil e árdua do que a Maçonaria, compreendida em profundidade?"* (p. 130).

∴

Maçonaria e Política

Este tema, considerado tabu por muitos de nossos Irmãos, vem se constituindo motivo de muito comentário – aberta ou veladamente – com certeza desde a Constituição de 1723.

Minha atração quase que orgânica por ele (já que sou sociólogo) só faz crescer à medida que vejo se expressar, em todas as publicações de nossa Ordem, a angústia de Irmãos frustrados em suas expectativas de ver uma instituição, que é tão forte, efetivamente atuante em prol de uma sociedade humanamente mais justa.

Mas por que esse receio de até se falar em política na Maçonaria?

Porque sempre que se discute essa questão, o que vemos é arrolarem-se acaloradamente argumentos pró e contra. E, dessa forma, os ânimos se alteram, os sentimentos se sensibilizam, e a discussão não conduz, efetivamente, a nada. Creio que esse é o tipo de debate político que desde sua organização, em 1717, nossa Ordem quis, muito sabiamente, evitar.

De fato, num contexto onde *"a rivalidade entre os jacobitas, partidários dos Stuarts, e o séqüito do primeiro dos Georges, então no trono da Grã-Bretanha"*[24] podia colocar dificuldades para a incipiente

---

[24] José CASTELLANI e Raimundo RODRIGUES. *Análise da Constituição de Anderson*. Londrina: Editora Maçônica "A TROLHA", 1995, p. 45.

Primeira Grande Loja, compreende-se que discussões políticas fossem desestimuladas e, até, proibidas. *"Quanto à proibição de levar, para a Ordem, discussões sobre assuntos políticos e religiosos, (...) mais do que uma regra, era um 'modus vivendi' ocasional, para acomodar as correntes políticas e religiosas, em estado de rivalidade, na época. Não pode ser considerado um verdadeiro landmarque"*[25]. Essa opinião, afora ter sido expressada por dois eminentes estudiosos, dificilmente seria contestada por qualquer pessoa de bom senso.

Mas como podemos transcender esses dois fatos aparentemente contraditórios – o natural desejo pelo posicionamento político, de um lado, e a sábia recomendação de se evitar debates que possam produzir dissensões e conflitos, de outro?

Aparentemente essa contradição decorre do fato de colocarmos em pauta uma falsa questão. Não se trata de discutir se devemos ou não tratar de política. A verdadeira questão é: **de que** política estamos tratando?

Se colocado dessa forma, o problema se apresenta sob novo foco. É (de bom) consenso que *"política, religião e futebol, não se discutem"*. Melhor diríamos: *"**posição** política, **convicção** religiosa e **preferência** futebolística"* não se discutem, pois política, religião e futebol, como quaisquer outros temas de interesse humano, devem sim ser discutidos, sob pena de se tornarem fatores de indesejável alienação.

Assim, voltando à questão: de que política estamos tratando quando nos referimos a um *"natural"* desejo de expressão humana? Não da política partidária, é claro, e muito menos das questões ligadas à disputa do poder institucional. Essa é a área movediça das *"posições"*, *"convicções"* e *"preferências"*. Quando falamos de política como um fato naturalmente humano, nos referimos ao sentido Aristotélico do termo. Para Aristóteles, sendo o Homem um ser eminentemente social, é naturalmente político, isto é, vinculado à *Polis* (à cidade, à comunidade; hoje diríamos: à nação e à humanidade). Nesse sentido, não pode

[25] Ibidem, p. 69.

o Homem deixar de ser político sem se tornar um ser socialmente alienado. Este tipo de alienação seria a negação absoluta de toda possibilidade de construção desse Homem Ideal preconizado pela Arte Real, pois que esse deve ser necessariamente engajado para ser socialmente útil.

Quando tomamos uma amostra dentre quaisquer publicações maçônicas, é com aquele *natural* posicionamento *sócio-político* com que fatalmente nos deparamos.

Permitam-me os Irmãos tomar como exemplo (por comodidade) o número que tenho em mãos (julho/agosto) do O Prumo[26]. Entre seus artigos encontramos, em maioria, temas com preocupações eminentemente sociais e, portanto, políticas. Nesse número o Irm∴ Anatoli Oliynik discute a necessidade de uma bandeira de luta para a Ordem; o Irm∴ João Francisco Guimarães insiste na busca de uma *"forma intensiva, extensiva e ostensiva (...) para se ordenar o caos existente no mundo profano"*[27]; o Irm∴ Anselmo Quadros nos diz que *"não chegaremos a ser verdadeiramente justos senão desde o dia em que nos vemos reduzidos a buscar em nós mesmos o modelo da justiça"*[28]; o Irm∴ Mário Mayerle nos fala explicitamente sobre a responsabilidade da Maçonaria com o nosso futuro; o Irm∴ Carlos Pinto insiste em que *"precisamos discutir os sistemas educacionais, as questões que envolvem a saúde pública, a enorme pobreza que assola o País, (...) os problemas do desemprego crescente, a globalização da economia, o advento da Internet (...)"*[29]; e por aí prosseguem excelentes trabalhos. Isso para não discutirmos (por economia) o quanto também são sociais e políticos os assuntos sobre Carma, do Irm∴ Breno Trautwein, ou sobre Maçonaria e filosofia, do Irm∴ Octacílio Schüler Sobrinho.

É nesse sentido que Aristóteles definia o Homem como um *"animal político"*. Na verdade, essas classificações traduzem apenas a

---

[26] Revista bimestral da Editora Cultural O Prumo S/C Ltda., de Florianópolis.
[27] Ibidem, p. 9.
[28] Ibidem, p. 15.
[29] Ibidem, p. 31.

ênfase que colocamos neste ou naquele aspecto desse ser total e integral que é o Homem. Assim, embora o nosso *"ser"* já tenha sido definido como *"social"*, *"fabril"*, *"familiar"*, *"econômico"*, *"lúdico"*, e outros tantos adjetivos, é um consenso antropológico, psicológico e filosófico que não podemos ser senão a totalidade de nossas relações com o mundo.

Desse axioma Aristotélico deriva-se um corolário da maior importância: se somos *"essencialmente"* seres sociais e, conseqüentemente, políticos, *"todas"* as nossas ações são *"necessariamente"* sociais e políticas. Isso significa que, sempre que pretendemos não fazer política, a estamos fazendo e da pior forma – por omissão. É dessa omissão que se fortalecem os maus governos, os corruptos, os mal-intencionados, os exploradores, enfim, os disseminadores de todos aqueles vícios que juramos enterrar nas mais profundas masmorras.

Sendo assim, é preciso discutir política, sim. A política da cidade, da comunidade, da nação, da humanidade. Aquela que diz respeito aos problemas da vida e da morte do Homem. Aquela que discute a desumanidade da fome e a injustiça da miséria. Aquela que se penaliza do doente e do viciado. Aquela que se horroriza com os preconceitos e se injuria com a intolerância.

Aquela que se escandaliza com tudo que impede o Homem de atingir a plenitude implícita em sua natureza.

É preciso uma ação política, sim. Para que não a façamos por omissão. Aquela omissão que perpetua tudo que queremos ver eliminado; que cala sobre tudo que deve ser denunciado; que bajula o opressor e escarnece o oprimido.

A nossa Ordem é uma *"potência"* no sentido real do termo. Precisa apenas transformar-se em *"ato"*. Não no sentido político-partidário. Não no sentido de pretender uma "maçonocracia". Não no sentido de pretender a tomada do poder político institucional, o que cabe ao Maçom e não à Maçonaria. Sim no sentido de marcar claramente e com toda firmeza sua posição ética e filosófica com relação à vida humana, seja ela familiar, social ou política. É dessa clareza e dessa firmeza que estão carecendo os Maçons. Suas angústias derivam dessa falta.

Hoje, mais do que nunca, quando vemos as grandes Potências assinando Tratados de cooperação em todos os Estados brasileiros, a esperança de uma ação ética mais efetiva se amplia.

Nossa filosofia ensina que devo começar as mudanças por mim mesmo e isso afetará o meio em que vivo. Uma verdade inquestionável, mas que necessita ser bem esclarecida. A minha transformação só afetará o meio em que vivo se ela se traduzir em uma firmeza de posição, em uma intransigência na defesa de meus valores, que "toque" aqueles com que me relaciono. Essa é a *"resistência passiva"* que pregava Gandhi e que venceu o império britânico na Índia. A força da resistência é maior que a resistência da força. Esse é o sentido político da Maçonaria.

Quando aceitamos que membros de nossa Ordem sejam impunemente desonestos, corruptos ou imorais, estamos sim fazendo política: aquela da pior espécie. Quando calamos em face das injustiças e das desumanidades para não "ofender" aos poderosos ou para não "magoar" aos amigos, estamos sim fazendo política: aquela da pior espécie. Quando dentro da própria Ordem adotamos posturas que afrontam a filosofia que ensinamos e os valores que defendemos, estamos sim fazendo política: aquela da pior espécie.

Nós **somos** seres sociais e políticos. Só estaremos evoluindo e nos tornando melhores na medida em que nos tornarmos social e politicamente melhores. Esse é o segredo do passado da Ordem, aquele passado do qual os artigos de nossas revistas são tão nostálgicos. A antiga Maçonaria inglesa, a francesa ou a norte-americana não eram melhores *porque* eram políticas. Elas eram políticas *porque* eram formadas de homens social e politicamente melhores. Eram homens que criam no que faziam e faziam o que criam. Àquela época se pretendia realmente construir o mundo. Hoje, a maioria pretende apenas usufruir seus confortos. Cabe a nós e a mais ninguém alterar isso. Politicamente.

Relações de Poder

Alguns termos que se tornaram correntes com a popularização da internet são bastante interessantes. Um desses termos, que já é de uso comum em alguns círculos, é ***link*** (conexão, ligação, vínculo). Se observarmos mais demoradamente nosso raciocínio – e as reações emocionais que ele produz – veremos como uma série de ***links*** vincula nossos conceitos, não raro dificultando nossa compreensão da realidade.

É o caso com o conceito de ***pode***r. Há algum tempo, em uma atividade de grupo, alguém comentava que as relações entre as pessoas são sempre, *també*m, relações de poder. Deu a maior discussão: "Como? Então as relações familiares são relações de poder?". "Vai me dizer que as relações amorosas são relações de poder?". "Poder é coisa de política e política a gente faz nos partidos".

Quando a sociedade humana se constituía de bandos, cada grupo tinha que desempenhar todas as funções necessárias à sua própria sobrevivência. Dessa forma, o grupo era simultaneamente a unidade econômica, doméstica, militar, educacional, etc. Hoje, como vivemos numa sociedade onde a maioria das funções se realiza em instituições especializadas, já temos um ***link*** que nos remete diretamente da função à instituição correspondente. Assim, saúde é coisa *que diz respeito* ao médico; educação é coisa *que diz respeito* à escola; malhar é coisa *que diz respeito* à academia; ***poder*** é coisa *que diz respeito* à política e política é coisa *que diz respeito* aos partidos.

Se desfizermos esse ***link*** e analisarmos o conceito em si mesmo, recuperando seus vários significados, clareamos nossa compreensão tanto do conceito quanto do processo de comunicação em que ele se insere. Vamos fazer aqui esse exercício.

Antes, porém, façamos uma pequena retrospectiva antropológica. Desde o seu início, a humanidade vem modificando constantemente o ambiente em que vive e se vendo obrigada a permanentes exercícios de adaptação a essas novas situações que ela mesma produz, pois essas modificações não trazem consigo, de forma automática, as respostas educacionais e sociais requeridas. Esse processo vem se tornando cada vez mais difícil devido à velocidade exponencial de descobertas e inovações tecnológicas.

Nessa linha dialética de evolução, encontramos o ser humano buscando uma definição de si mesmo a partir de um sistema de relações altamente complexas que envolvem a *natureza*, que ele humaniza, que inclui tanto os *objetos* que ele produz quanto os *símbolos,conceitos e idéias* que constrói na busca de dar significado às coisas e os demais *seres humanos* com os quais compartilha essa aventura.

Com o desenvolvimento cultural e tecnológico, estamos cada vez menos sujeitos às exigências *naturais* propriamente ditas, razão por que nos tornamos mais alienados em relação à natureza, da qual não percebemos ser parte indissociável. Em contrapartida, cada vez mais as relações com os símbolos e com as pessoas se tornam vitais para nossa vida.

Eis por que as relações de poder – econômico, simbólico ou político – se tornam cada vez mais importantes[30].

Como já mencionamos, quase que automaticamente vinculamos a idéia de ***poder*** à idéia de política. É um desses ***links*** produzidos pelo tipo de sociedade que construímos.

Falemos um pouco de política. Na Grécia antiga, onde foi

---

[30] Fela MOSCOVICI trata esse tema em ***DESENVOLVIMENTO INTERPESSOAL***, José Olympio Editora, Rio de Janeiro, 1986.

gestado, o conceito de política tinha uma definição meramente administrativa: política era a administração da *polis* (cidade). É evidente que as relações políticas na antiga Grécia eram relações de poder, mas não eram assim percebidas naquela época e, mesmo que o fossem, não tinham o mesmo sentido que têm hoje.

Embora o exercício da política fosse privilégio dos homens livres, excluídos daí servos, escravos e mulheres – o que já é uma relação de poder –, envolviam um nível de consciência e universalidade bem maior do que o de hoje[31].

Na antiga Grécia, administrar a *polis* era administrar um espaço ***público***. Para nós, que experienciamos o *público* como algo que foi *patrimonializado,* isto é *privatizado e monopolizado*, o conceito de política remete a um sentimento de espaço e poder privados. Numa sociedade de classes, como a nossa, a disputa política é uma disputa pelo poder por parte de uma classe ou de frações de classes, cujos interesses estão longe de ser comunitários.

Para nós, portanto, relações políticas remetem à idéia de relações de poder privado – pessoal, de classe ou grupos determinados. A *polis,* em decorrência disso, traduz-se, em nossos sentimentos, como um espaço de disputas particulares e, em contrapartida, espaços particulares também se traduzem como espaços de disputas políticas. Por isso, as várias expressões de luta – por espaço, por domínio, pela inclusão, pela aceitação; ou de mera resistência à exclusão – são entendidas como ***relações políticas***, e com esse sentido se aplicam à escola, à igreja, à família ou às relações intra ou intergrupais.

Vamos, agora, ao conceito propriamente dito. ***Poder*** sempre se define como verbo transitivo: ***poder*** é poder ...mandar, fazer, decidir. Inclusive, num sentido nem sempre visto como político, ***poder***... comer, cuidar-se, aprender...ser. Poder é sempre poder *alguma coisa*.

Eu posso, contudo, desejar ***poder*** algo muito pessoal, como ler

---

[31] Os trabalhos de Hannah Arendt pretendem uma crítica da política atual a partir da recuperação da idéia clássica de política.

aquele belo livro que reservei para hoje à noite, ou algo que envolve minha relação com outra pessoa, como convencê-la a me permitir decidir sozinho o cardápio do jantar. No primeiro caso, conquanto envolva uma série de circunstâncias que podem ou não ser favoráveis, o ***poder*** ler depende apenas de minha decisão. No segundo caso, ***poder*** envolve uma série de transações com o outro que podem incluir argumentação, sedução, alguma chantagem e, *in extremis*, imposição de força. É neste caso que podemos falar de ***relações de poder***.

Assim entendido, o conceito se define de forma mais clara, permitindo abranger aquelas situações às quais parecia que ele não se aplicava. Quando, na família, marido e mulher, pais e filhos, exercitam ou disputam o direito de decidir por si mesmo ou por alguém, de garantir ou ocupar espaços, se exercita o ***poder***, e esse caráter da relação familiar é *político*. Quando os dois namorados discutem sobre a esticada daquela noite, se no barzinho preferido dele ou na lanchonete preferida dela, se exercita o ***poder***, e esse caráter da relação amorosa é *político*. Daí por que ninguém pode ser apolítico e, ainda que sob nova ótica, o ser humano – como queria Aristóteles – continua sendo um *animal político*.

Estas reflexões começaram com uma questão que foi levantada num grupo de vivência, quando alguém afirmou que as "relações entre as pessoas são sempre, *também*, relações de poder". Não foi afirmado que as relações entre as pessoas são *às vezes* de poder, mas *também* de poder. Isso quer dizer que são *sempre, embora não exclusivamente*, de poder.

Feita essa constatação, podemos entender melhor o espanto que provocou as exclamações: "Como? Então as relações familiares são relações de poder?". "Vai me dizer que as relações amorosas são relações de poder?".

Agora, finalmente, cabe recuperar o fato de que ***poder***, assim como político, ou econômico, ou afetivo, são conceitos. Como tal, é uma *construção* que usamos para compreender uma realidade, embora venha a fazer parte daquele universo onde ***links*** unem conceitos a sentimentos, coisas a valores, atos a ideologias, tudo fazendo parte de uma rede complexa que apelidamos modernamente de sistema. Na verdade, nada mais há do que seres humanos inseridos na materialidade do mundo e se relacionando – pessoas, coisas e conceitos, lembra? –, com tudo que isso envolve de misterioso.

No núcleo desse processo, no que ele tem de mais fundamental, "em última instância" – diria Engels –, está o jogo pela sobrevivência. Marx já havia dito que, apesar da beleza dos sentimentos e das idéias, para que haja mundo é preciso que existam homens **vivos**. É com esse sentido, e não diminuindo de importância os sentimentos ou as idéias, que sobreviver é dado como fundamental. Por esse motivo, tudo que se aproxima perigosamente desse núcleo – como uma ameaça de desemprego, de prejuízo financeiro ou de desprestígio profissional – gera reações mais enérgicas e até mais violentas. Afastando-se desse núcleo, embora não se dissociando dele, como se fossem pontos colocados em uma espiral que se afasta do centro, se posicionam hierarquicamente outras necessidades de nossa natureza, como a de afeto, de aceitação, de reconhecimento e tantas mais se queiram. Assim, quando falamos em relações *econômicas, políticas, afetivas, culturais ou religiosas*, falamos tão-somente das complexas relações humanas que, em dadas circunstâncias, recebem uma ênfase ***x*** ou ***y***, o que nos faz defini-las desta ou daquela maneira, em função da necessidade que está naquele momento em foco.

Para exemplificar: se nos damos as mãos para orar, se dirá que esta nossa relação é religiosa; se nos unimos para produzir um artigo para o mercado, se dirá que essa nossa relação é de produção; se apenas nos encontramos para um chope e um bate-papo, se dirá que essa nossa relação é de amizade; e assim sucessivamente. Todas são relações humanas, diferenciadas apenas pelos objetivos. Entretanto, mesmo quando estamos ali reunidos para o chope e o bate-papo, ainda que de forma *latente*, estão *também* presentes todas as outras "necessidades" de nossa natureza – biológicas, psicológicas e sociais. Exatamente por isso um grupo não pode funcionar exclusivamente ao nível da tarefa.

Um grupo, portanto, é uma rede complexa de relações que envolvem esses vários aspectos de todos seus integrantes, num movimento constante de troca onde ressaltam, por condicionamentos tanto estruturais quanto conjunturais, ora amores e ora rancores; ora acordos e ora conflitos; ora avanços e ora retrocessos.

E estejamos conscientes de que os grupos maçônicos não são exceção a essa regra.

∴

A Tolerância em Bases Lógicas

Apostel, como vimos no trabalho anterior, deixou clara a impossibilidade de, por mero idealismo, transcendermos às contradições inerentes ao contexto social em que vivemos, já que somos condicionados por essas contradições. Mas também foi otimista quanto à possibilidade de criarmos um núcleo de convivência onde aprendamos rudimentos dessa transcendência, de modo a plantarmos a semente de um mundo melhor. A Filosofia da Real Arte tem visto na Tolerância o instrumento por excelência dessa possibilidade.

A Tolerância é, portanto, o substrato da possibilidade de uma vivência maçônica. De que outra forma se poderia pretender a convivência entre homens social, política e ideologicamente diferentes?

Mas como podemos conceber a Tolerância se a pensarmos em relação a uma pretensa verdade? Posto de outra forma: se existir uma verdade positiva, demonstrável, irrefutável, como podemos aceitar a Tolerância? A Tolerância, então, se constituiria uma forma de piedade em relação a alguém menos consciente, menos evoluído, menos ilustrado ou menos iluminado do que nós, os tolerantes? Se adotarmos essa perspectiva, então nossa Tolerância não passa de uma forma de prepotência disfarçada em caridade e nosso discurso maçônico não é mais que um mecanismo de ocultação dos nossos preconceitos.

A existência da Verdade é um pressuposto necessário à nossa caminhada em busca de maior consciência, de maior conhecimento, enfim, do nosso desenvolvimento como seres humanos. Como seres em processo, contudo, certamente jamais atingiremos a plenitude da Verdade ou mesmo da Humanidade, posto que nosso modelo de ***ser*** está sempre projetado no futuro. Essa condição deriva necessariamente de nossa finitude.

Na dialética de nossa existência, temos a humana necessidade de transformar cada momento de nosso processo de vida em uma totalidade, buscando, assim, conseguir algum equilíbrio na vertiginosa viagem que é viver. Colocando em termos práticos: embora nossas verdades sejam relativas, dependentes do tempo, do espaço e das condições que possuímos para elaborá-las, tendemos a tratá-las como se fossem A Verdade e as brandimos como verdadeiras armas contra tudo e todos. Em nome de nossas verdades nós julgamos, criticamos e condenamos. Em nome delas, também, adotamos ares de complacente tolerância. Em defesa de nossas verdades, desfilamos argumentos filosóficos, científicos e éticos, construindo discursos aparentemente bem sólidos. As Teologias e as Ideologias correntes servem como bons exemplos disso.

Mas a que nos conduz esse raciocínio? À defesa de uma posição relativista, onde, ao postular que qualquer verdade é A Verdade, acabamos por concluir que a Verdade não existe? É claro que não! Dizer que as nossas verdades são relativas não é o mesmo que adotar uma posição relativista. Estamos apenas admitindo que as nossas verdades devem ser consideradas como aproximações d'A Verdade, que será sempre totalmente inatingível. Essas aproximações, embora relativas, possuem, contudo, uma parte dessa Verdade que buscamos e, por isso, não se constituem absolutamente Inverdades. Nossas crenças, por exemplo, mesmo não sendo o mais das vezes demonstráveis, para nós são verdadeiramente reais: por elas vivemos, choramos, lutamos e, não raro, morremos.

Admitir nossa humanidade finita e limitada, nos conduz a admitir, por conseqüência, que somos seres contraditórios. Embora na maior parte do tempo não tomemos consciência disso, a contraditoriedade é nossa real condição. A cada dia, vivemos um dia a mais ou um dia a menos? Nascemos para viver ou para morrer? Para caricaturar: um robô, em sua lógica binária, maniqueísta, não entenderia, por exemplo, "chorar de felicidade", "morrer de prazer" ou "pancadas de amor".

Mas será essa relatividade logicamente defensável? A ciência, por exemplo, não demonstra verdades inquestionáveis?

No caderno *Mais!* da Folha de São Paulo, há uma série de artigos referentes ao trabalho do professor Newton Carneiro Affonso da Costa, filósofo e matemático paranaense, professor da USP e mundialmente reconhecido por seu trabalho em Lógica. Rompendo com a lógica "clássica", aristotélica, assentada há mais de 2.000 anos no princípio da não-contradição, o professor Newton formulou em 1963 as bases da *lógica paraconsistente*, uma lógica que admite contradições.

A Lógica *"é o estudo dos processos pelos quais certas sentenças ou proposições podem ser deduzidas de outras"*, ou seja, é o processo estruturante de nossos argumentos. Para a lógica clássica, o princípio básico é o da não-contradição. Por exemplo: não posso dizer que, ao mesmo tempo, "isto é um ovo" e "isto não é um ovo". Em nosso dia-a-dia, nos diz o professor Newton, é assim que as coisas são. *"Mas acontece que quando diferentes campos da ciência evoluem e se tornam mais complexos, as contradições aparecem. Na Física, por exemplo, as partículas atômicas, em determinadas circunstâncias, não se comportam como partículas, mas como ondas. Isso significa, sob certos aspectos, que elas são e não são partículas."* Também a mecânica quântica e a teoria da relatividade possuem incompatibilidades. Mas ambas funcionam.

Nessa linha de raciocínio, o professor Newton forjou a noção de *quase-verdade*. *"Para fixar a idéia* – continua ele – *consideremos o caso da mecânica clássica newtoniana (...). Como a relatividade de Einstein mostrou, ela não se aplica, por exemplo, ao caso de corpos muito pesados ou de velocidades muito altas, próximas da velocidade da luz. No entanto, guardados certos limites, e em determinados domínios, como na engenharia usual, tudo se passa como se a mecânica newtoniana fosse estritamente verdadeira.*

Ela salva as aparências. Ou seja, ela é quase verdadeira em um certo sentido técnico. Essa é a essência da noção de quase-verdade." A noção de *quase verdade*, portanto, é importante quando aponta para uma verdade que é eficiente, *"guardados certos limites, e em determinados domínios"*.

Nesse mesmo caderno, como parte dos vários artigos sobre essa nova lógica, o professor francês Michel Paty aborda o que ele chama apropriadamente de Filosofia da Tolerância. Nos diz ele: *"Falei de tolerância; aliás, esta se encontra presente no fundamento mesmo do novo sistema, inclusive no momento da formalização do conhecimento, uma vez que a idéia força de sua concepção da racionalidade científica é a da convivência de teorias ou representações, verificadas e até verdadeiras, cada uma no seu domínio de validade, mas que podem ser contraditórias entre si"*.

O desenvolvimento da Lógica Paraconsistente nos permite colocar dois corolários da maior importância: ao nível do conhecimento humano, não há uma verdade absoluta, nem mesmo no campo da ciência; nossas *quase-verdades*, contudo, são reais e funcionais, *respeitados certos* limites e no *seu domínio de validade*.

A noção de *domínio de validade*, que permite conciliar a Lógica Aristotélica com a Lógica Paraconsistente, já que coloca as contradições como sendo mais de domínios que de conceitos, pode nos ser útil para o entendimento da questão da Tolerância. Os homens são geográfica, social e economicamente diferentes, passando, conseqüentemente, a ver o mundo sob prismas diferentes. Disso resultam as diferentes posições religiosas, políticas e – de uma maneira geral – ideológicas, com seus diferentes discursos de validação. Essas posições variadas e relativas são *quase-verdades*, no sentido de que são identicamente tentativas de organizar e explicar de forma coerente o universo vivido, sendo também, em seu *domínio de validade*, funcionais.

A Maçonaria, buscando construir um espaço onde seja possível a convivência dessas diferentes posições, intenta construir um novo *domínio de validade* onde os parâmetros permitam a transcendência das posições particulares para, sem perda das individualidades, possibilitar relações não conflitantes. Que parâmetros permitem tal transcendência?

Primeiro, o reconhecimento da existência de uma Verdade maior e da conseqüente relatividade de nossos conhecimentos e de nossas vivências.

Segundo, e como corolário do primeiro, a *destotalitarização* das *quase-verdades* particulares, sujeitando-as ao princípio maior de busca d'A Verdade.

Por fim, mas não de menor importância, o reconhecimento de nossa igual condição de finitude, do que decorre o sentimento de Fraternidade em todas as relações humanas.

A *sabedoria* de reconhecer tal condição, contudo, embora necessária, não é suficiente para criar um *domínio de validade* igualitário e fraterno. É necessária a *força* de uma ação constante que se apóie na defesa intransigente dos valores humanos e na recusa constante a quaisquer formas de preconceito ou de ameaça à liberdade absoluta de consciência. Atitudes e ações, entretanto, que deverão ser *adornadas* pela delicadeza e pelo respeito.

Se conseguiremos criar esse *domínio de validade* universal, a história dirá!

União e Fraternidade

(comentários à luz da teoria de Kurt Lewin[32])

A Loja a que pertenço é fruto de uma semente lançada há muitos anos, há mais de um século, por um grupo de homens do mais alto valor social e humano, que fundaram uma Loja denominada *"Unione e Fratellanza"*.

Esse nome, que me é muito significativo mais pela antigüidade que pela originalidade, provocou-me esta reflexão. União e fraternidade são conceitos tão intimamente ligados que, no uso diário, quase os usamos com o mesmo sentido. Além disso, por se constituírem conceitos centrais da filosofia maçônica, adquirem uma importância ainda maior para nossa compreensão.

Embora alguns Irmãos entendam que União e Fraternidade devam ser resultado *automático* de nossa filiação maçônica, e – até como mecanismo de defesa – não vejam com bons olhos a discussão desse tema, o certo é que, como qualquer grupo, os grupos maçônicos estão sujeitos a ações tanto centrífugas quanto centrípetas; à divisão em subgrupos e à formação de acasalamentos; em suma, tanto à união quanto à desintegração.

---

[32] Sobre o pensamento de Kurt Lewin, pode-se consultar: Kurt LEWIN, *Problemas de Dinâmica de Grupo*, Editora Cultrix, 1973; Gerald B. MAILHIOT, *Dinâmica e Gênese dos Grupos*, Livraria Duas Cidades, 1970.

Por tudo isso, consideramos que iniciar uma reflexão sobre essa questão não é inoportuno.

Uma pequena digressão: Kurt Lewin, um dos nomes mais respeitados nos estudos das dinâmicas dos grupos, nasceu em 1890 na Prússia. Iniciando seus estudos pela química e pela física, começou a interessar-se pela filosofia e, a partir de seu doutoramento, voltou-se definitivamente à Psicologia Social. Tendo lutado na Primeira Grande Guerra pela Alemanha, na Segunda, com o advento do nazismo, sendo judeu, foi obrigado a migrar, dirigindo-se à Inglaterra e, após alguns meses, aos Estados Unidos da América do Norte, onde pesquisou e lecionou até sua morte prematura em 1947. Fundou no M.I.T (Massachusetts Institute of Technology) um centro de estudos e pesquisas em dinâmica de grupos que se celebrizou e veio a formar a maioria dos principais estudiosos dessa área nos anos posteriores.

Por sua origem, Lewin sempre manteve a preocupação com a questão dos grupos minoritários – especificamente os judeus – e veio a publicar importantes trabalhos sobre esse tema.

Feita essa digressão, consideramos que está justificada a escolha desse autor como referência teórica a esta iniciação ao estudo desses pequenos grupos que constituem a maioria de nossas Oficinas.

Assim como estudamos filosofia e psicologia, meditamos sobre as questões metafísicas e buscamos nos livros de auto-ajuda e de autoconhecimento informações que nos permitam compreendermos um pouco mais a nós mesmos, às nossas angústias e anseios, também é importante que visitemos as teorias que se construíram a partir de pesquisas sobre o meio social em que vivemos para compreendermos melhor a questão de nossos relacionamentos.

Um postulado inicial importante para nosso entendimento de grupos, é que os grupos são, paradoxalmente, sempre ***mais que a soma das partes***, pois desenvolvem processos e permitem o surgimento de realidades que no plano individual não existiriam, e também são ***menos que a soma das partes***, no sentido de que inibem, ao "eleger" e "filtrar" as capacidades individuais ali ofertadas, muito do que cada indivíduo tem para oferecer, tanto no bom quanto no mau sentido.

Isso significa, em primeiro lugar – o que já é conhecido na prática de cada um de nós –, que *não bastam* nossa boa vontade e nossas boas intenções para que nosso grupo se torne unido e produtivo. Em segundo lugar, significa que nosso grupo só poderá crescer e desenvolver-se *enquanto grupo*, pois um grupo não é a mera soma das qualidades individuais de seus membros, por melhores que sejam essas.

Ciente dessa condição ímpar dos grupos, Lewin elabora quatro hipóteses iniciais importantes para compreendermos melhor sua dinâmica e os sentimentos de seus membros:

1. A primeira é que o grupo constitui *o* terreno sobre o qual o indivíduo se mantém. Isso quer dizer que se nossos grupos não se constituírem um espaço onde os membros possam definir claramente suas posições e estarem seguros de suas relações, seus comportamentos se caracterizarão pela instabilidade e pela ambigüidade.
2. A segunda é que o grupo é sempre, em certo grau, um instrumento para seus membros. Isso quer dizer que em nossos grupos estamos *também* buscando satisfazer nossas necessidades psíquicas e aspirações sociais, altruísticas ou egoísticas, e não há integração possível se "sentirmos" que não há no grupo as condições para a satisfação dessas nossas necessidades – as legítimas, evidentemente.
3. A terceira hipótese é a de que o grupo *é uma realidade* da qual fazemos parte, *mesmo quando ignorados, isolados ou rejeitados.* Isso significa que a dinâmica de nossos grupos, suas mudanças, suas fases de instabilidade, assim como seus momentos de progresso ou retrocesso, têm sempre impacto sobre cada um de seus membros, e desse impacto ninguém está isento.
4. Finalmente, o grupo é para cada um de seus membros um *espaço vital.* Isso significa que cada um de nós se sentirá mais ou menos integrado ao grupo quanto mais ou menos "sentirmos" que nele há espaço para nos desenvolvermos e evoluirmos como seres humanos.

Essas hipóteses nos levam a considerar questões importantes.

Uma delas é que o "clima" – a estrutura, as situações, a comunicação e as práticas usuais – de nossos grupos é tão real e tão significativo para cada membro do grupo quanto o clima atmosférico, a situação geográfica ou o espaço físico. Nossa realidade "objetiva" e nossa realidade "subjetiva" nos condicionam com igual intensidade. Por isso, como "nos sentimos" em nosso grupo (o que é outra maneira de dizer "como sentimos o nosso grupo") determinará mais nossas atitudes e relacionamentos do que todos os discursos idealistas sobre obrigações ou compromissos fraternos.

Como corolário dessa conclusão, temos que considerar que quando membros (especialmente no plural) de nossos grupos utilizam mecanismos de defesa (desculpas, subterfúgios, compromissos "profanos" inadiáveis, etc.) em relação a seus compromissos com o grupo, nem sempre essa postura é decorrente de sua "incompreensão para com nossos altos ideais", de sua "incapacidade para desbastar a pedra bruta" ou de sua "atitude pouco fraterna". Isso pode significar que o nosso grupo está merecendo, de alguma forma, um diagnóstico sério.

Mas o que constitui essa "realidade" dos grupos, realidade que possa ser observada e analisada?

A primeira grande intuição de Lewin com relação à realidade dos grupos, se deu em função dos problemas de seu próprio grupo de trabalho. Tendo reunido em torno de si uma equipe de pesquisadores bem dotados tecnicamente, nos momentos de auto-avaliação a equipe se queixava de que faltava integração, o ritmo do trabalho era lento e artificial, havia pouca criatividade. Numa dessas reuniões de autocrítica das quais sempre participava, Lewin, que mais ouvia e analisava do que falava, levantou, a título de sugestão, a seguinte hipótese que, posteriormente, veio a se confirmar: se o grupo produz resultados e progride, mas a integração não se dá, isso se deve à existência de bloqueios ao nível das comunicações.

Como conseqüência dessa hipótese, Lewin concluiu que *um grupo deve questionar seus modos de comunicação e, se possível, aprender a comunicar-se melhor. Para isso, o grupo deve – fora das reuniões de trabalho – reunir-se com a intenção única de aprender a comunicar-se de modo autêntico.*

Isso deve ser uma decisão com a qual todos devem concordar e perante a qual todos tenham boa vontade.

Ora, *"deve"* reunir-se é muito relativo. Para que o nosso grupo, por exemplo, "queira" reunir-se, é necessário **(a)** desejarmos sinceramente uma comunicação mais autêntica, **(b)** estarmos atentos à nossa comunicação, e **(c)** estarmos dispostos a enfrentar e corrigir os problemas de comunicação que viermos a detectar, se quisermos constituir um grupo bem integrado.

Mas também significa – como a experiência de Lewin demonstrou – que necessitamos estar especialmente atentos às nossas atitudes e às nossas relações *fora das reuniões de trabalho.*

Em todos os grupos existem fontes verificáveis de bloqueio da comunicação, tanto criando *"zonas de silêncio"* quanto levando os membros do grupo a *"filtrarem"* o que dizem, por não sentirem no grupo um clima de confiança e compreensão. Detectar essas fontes (medos, vaidades, competições, atitudes autoritárias, preconceitos, invejas, etc.) e discuti-las com franqueza e "de mãos desarmadas", ajuda a mudar profundamente a atmosfera de um grupo e a favorecer sua integração.

Mas por que um grupo não se conduz de forma "planejada" e "racional", perseguindo seus objetivos de forma "adulta" e "civilizada"?

Will Schutz, um colaborador de Lewin, levou mais adiante as preocupações deste, desenvolvendo uma *"teoria das necessidades interpessoais"*. O que Schutz descobriu é que os membros de um grupo "não consentem" em integrar-se enquanto suas três necessidades básicas, "de relacionamento", não estiverem satisfeitas. Essas necessidades são:

1. a necessidade de *inclusão*: todo membro de um grupo tem que se sentir aceito, valorizado totalmente por aqueles aos quais se junta. Para isso, procurará (inconscientemente, na maioria das vezes) "provas" de que não é ignorado ou rejeitado por aqueles a quem considera "especiais" no grupo. Um indivíduo só se sente totalmente incluído num grupo ao "sentir" que participa integralmente de todas as suas ações e decisões.

2. A necessidade de *controle*: todo membro de um grupo tem que se sentir responsável pelo grupo: participar *de forma que considere importante* nas decisões, definição de objetivos, crescimento e progressos do grupo. Para isso, uma organização democrática do grupo será favorável e, ao contrário, comunicações e decisões autoritárias serão desfavoráveis. É importante que se considere, aqui, que democrática não significa um clima de *"laissez-faire"*, de "permissividade", assim como não-autoritário não significa sem autoridade.
3. A terceira necessidade é a de *abertura*: os indivíduos não se satisfazem apenas sendo considerados "importantes" ou "participantes" num grupo. É fundamental que haja aquele sentimento de "ser querido", de "sentir-se insubstituível". Não é por acaso que em nossas instruções vemos tantas vezes identificados Amor e Sabedoria.

Para que essas condições e processos se viabilizem, é necessário que os nossos grupos possam oferecer a todos e a cada membro um contexto *único*, onde, por diferença à maioria dos demais grupos de que participamos, se possam desenvolver relações humanas baseadas na autenticidade, na franqueza, e especialmente onde as relações *de* e *com* a autoridade conduzam à autonomia e não à eterna dependência.

A precondição desse processo, é que em nossos grupos as relações sejam de complementaridade e não de nivelamento. Isso quer dizer que nossos grupos devem ser organizados de tal forma que neles possamos *ser* diferentes, pois assim perceberemos que somos incompletos e, principalmente, veremos em nossos Irmãos a possibilidade de complementarmos a nós mesmos.

Só dessa forma – que só se realiza com franqueza de intenções e esforço constante – poderemos viver as diferenças individuais e de opiniões não como fontes de tensões mas como oportunidades de aprendizado e crescimento.

Que Assim Seja!

∴

De Entropia a Neurônios: Intuindo a Arte Real

O Caderno *MAIS!* da Folha de São Paulo do último dia três de março[33] está, como sempre, um prato cheio de iguarias intelectuais altamente provocativas. Quem tem o hábito de saboreá-lo sabe muito bem que não exagero e nem faço propaganda.

Como ao montar um prato apetitoso, pego um pouquinho aqui, outro pouquinho acolá, às vezes misturo uma coisa à outra, mas – como manda a boa dieta – procuro aproveitar de tudo um pouco. Algo "sabe-me melhor" (alguém ainda lembra esta expressão literária?), outra coisa é mais difícil de digerir, mas tudo se aproveita.

Saídos de um caderno de variedades, devido aos variados interesses e diversos quadros de referência dos leitores, os assuntos e conceitos se organizam de maneira tão diversa na cabeça de cada um, que as figuras resultantes causariam surpresa aos autores.

Não sou exceção. Uma reportagem sobre uma proposta do físico grego-brasileiro Constantino Tsallis, do Centro Brasileiro de Pesquisas Físicas, e o artigo semanal do jovem físico brasileiro Marcelo Gleiser, sobre *"A Teoria de Tudo e a Via do Meio"*, foram se relacionando em minha mente de forma pouco ortodoxa, me conduzindo a refletir sobre nossa Arte Real.

[33] 2002.

A reportagem tratava do conceito de *entropia*. Este conceito é dos mais importantes quando tratamos de sistemas (e é possível tratar de algo que não seja um sistema?). Já Clausius (1865) afirmava que *"a energia do mundo é constante. A entropia do mundo aumenta até um máximo"*, apontando o fato de que em sistemas fechados a qualidade da energia degrada-se de maneira irreversível, mesmo que sua quantidade permaneça constante. A energia não é destruída, mas não consegue mais realizar trabalho. Isso é a própria definição de morte do sistema.

Se transpusermos o conceito para sistemas humanos, poderíamos supor, como hipótese, que um sistema fechado (suponha que nunca mais tenhamos ingresso de novos membros em nossa Ordem) tenderá fatalmente a um estado de entropia máxima, enrijecendo-se e não conseguindo mais produzir trabalho. Seria sua morte.

O conceito acima é o conceito de *entropia* dentro do marco da Termodinâmica, como enunciado em seu Segundo Princípio (proposto por Sadi Carnot, em 1850).

A Teoria Estatística também conceitua *entropia*. É desse ponto de vista que trata a reportagem da Folha. Para a Teoria Estatística, na definição de Boltzmann-Gibbs – nos diz o artigo –, *"a entropia de um sistema está relacionada ao número de situações em que seus constituintes microscópicos podem ser encontrados. Essas situações são chamadas de microestados. As muitas maneiras de distribuir a energia entre as moléculas da água colocada em um copo, por exemplo, são os microestados do sistema, Quanto maior o número de microestados disponíveis, maior a entropia. Um sistema totalmente organizado, com apenas uma situação possível para seus elementos constituintes, tem entropia nula. Por outro lado, a entropia de um sistema totalmente desorganizado é máxima"*.

Misturemos um pouco, após esse conceito, com vagar, os ingredientes do prato que estamos montando.

Minha ignorância em Física me permite dizer sem cair num grande ridículo que o conceito do Segundo Princípio da Termodinâmica é "facilmente" compreendido. Se um sistema atinge a entropia máxima, sua produção de trabalho é nula, ele se estagna, sua evolução acaba e ele está morto. Mas o marco da Teoria Estatística me permite alargar essa noção: do ponto de vista estatístico temos *duas* possibilidades de estagnação do sistema. Uma, quando a entropia é nula, pois nesse caso *"com apenas uma situação possível para seus elementos constituintes"* o sistema está "esclerosado" e caminhará para uma situação de impossibilidade de produzir trabalho. Se considerarmos que esse sistema é aberto (encontra-se interagindo com um ambiente), o sistema acabará impossibilitado de responder às situações-problema que lhe são colocadas pelo meio. É o caso de algumas instituições seculares que clamam por "renovação", engessadas pelo excesso de rigidez. Outra, quando a entropia for máxima, pois nesse caso – de desorganização absoluta – podemos aceitar a hipótese de que por *excesso* de desordem a força de atração entre suas partes constituintes não será suficiente para manter a identidade-unidade do sistema.

Neste ponto, como o pano de fundo de minha reflexão é humanística e não física, minha mente ilustra minhas hipóteses sugerindo que um fundamentalismo rígido, de um lado, tanto quanto um liberalismo *laissez-faire*, de outro, acabam por impossibilitar o funcionamento dos sistemas. A possibilidade de mudar (produzir trabalho), de evoluir, de responder às problematizações do ambiente, é que define a vida de um sistema. Define sua vitalidade.

É aqui que meto a colher na matéria de Tsallis. A novidade de sua proposta é que *"(...) em muitos fenômenos da natureza que são 'democráticos', as probabilidades entram com o mesmo peso, elevadas à potência 1. Mas existem outros fenômenos, de natureza 'aristocrática'. Neles, eventos raros podem ter uma influência maior que eventos comuns. Assim, as probabilidades devem ser elevadas a uma potência* q *diferente de 1, ou seja, devem ser potencializadas. Algumas diferenças importantes distinguem as duas entropias. A expressão usual tem a propriedade aditiva, ou seja, a entropia de um sistema constituído de duas partes é igual à soma das entropias de cada parte tomada isoladamente. Na expressão de Tsallis, essa propriedade não se verifica (exceto quando* q *for igual a 1)"*.

Já é consenso científico que nos sistemas complexos (e os sistemas sociais estão entre os mais complexos) o todo é mais do que a soma das partes, entre outras coisas porque essas partes não são equivalentes (as pessoas são *essencialmente* diferentes). Agora, se aceitamos a proposição de Tsallis, temos que considerar a ***hipótese*** de que, sendo as pessoas também *qualitativamente* diferentes (o que na área social é facilmente demonstrável), as ações e opiniões de algumas pessoas se apresentam com uma potência maior que a de outras (diferentes de 1, na conceituação de Tsallis) e isso faz com que o sistema **(a)** tenda a "produzir mais trabalho" (aumentar a *intensidade* de sua atividade) e **(b)** tenda a orientar-se no *sentido* de sua força maior (de maior potência).

Até aqui, parece que apenas complicamos o óbvio, pois todo mundo não sabe que "as pessoas importantes são mais influentes", "o exemplo de cima é mais forte que o de baixo", "quem tem poder manipula as opiniões", e coisas que tais?

Bem, se não fosse suficiente por si só a beleza da isomorfia entre esses conceitos físicos, matemáticos e sociais (e a Beleza é um de nossos Valores), a questão da *entropia* ainda remete a questões maiores, teleológicas: estão fadados o Universo (perguntam-se os físicos) e os sistemas sociais (perguntam-se sociólogos e filósofos) ao desaparecimento por entropia? Existe a possibilidade de construirmos sistemas (perguntam-se, além daqueles, ecologistas, politicólogos, economistas, teólogos – e Maçons) qualitativamente melhores, mais evoluídos, mais Humanos?

Qualquer sistema se define pela interação de seus componentes. Esse truísmo remeteu (e é difícil crer que levou tanto tempo a fazê-lo) à Teoria da Informação, ao campo da Comunicação, áreas que são causas-conseqüências do campo da cibernética e que estimularam maravilhosos *insights* na nova Biologia e na nova Física. E a Teoria da Informação também se ocupou do conceito de *entropia*. Leon Brillloouin (nos anos quarenta) estabelece uma equivalência entre o conceito de *entropia negativa* (que designou *neguentropia*) e informação. Segundo ele, *a informação trazida por uma mensagem ou um acontecimento é tanto maior quanto sua probabilidade de acontecer seja mais fraca.* Ou seja: quanto mais raro o conteúdo da informação, mais forte ela será.

Von Bertalanffy aplicou o conceito a sistemas abertos, postulando que esses só vencem a entropia sendo abertos ao meio ambiente, o que lhes permite aumentar o nível de organização e ordem.

L. Prigogine, um importante químico, demonstrou que, não longe do equilíbrio, um sistema se mantém estável, compensando um mínimo de entropia com o intercâmbio que faz com o meio. O sistema passa a sediar processos *não-lineares* de interação fazendo o sistema evoluir para regimes qualitativamente diferentes dos estados definidos pelo mínimo de entropia. É o conceito de "equilíbrio instável", a demonstração da possibilidade do movimento de evolução em espiral rumo a níveis cada vez mais complexos ("desenvolvidos"). A esse processo denominou Estruturas Dissipativas.

Com esses elementos (quase digo alimentos) em mente, li o artigo de Marcelo Gleiser.

Fazendo a crítica dos reducionismos científicos – as tentativas de encontrar uma "teoria de tudo" que explique *todos* os fenômenos –, ele nos diz *"que esse projeto, mesmo se ele vier a ser concluído um dia, será inútil na descrição de fenômenos onde comportamentos complexos surgem espontaneamente, 'ordem vinda do caos'. (...) Por exemplo, se o neurônio é o 'átomo' do cérebro, é impossível deduzir o funcionamento do cérebro a partir do funcionamento de alguns de seus neurônios. É em seu comportamento coletivo que os neurônios geram o que chamamos de pensamento".* Ou seja: os sistemas, sendo e tornando-se cada vez mais complexos, não têm um "destino" que possa ser previsto. Sabemos, sim, que há a possibilidade de "evolução" e que ela depende da ação dos componentes do sistema. Não temos, porém (e graças a Deus), a possibilidade de construir sistemas à "nossa imagem e semelhança". O imponderável tanto exige nossa participação ativa, a fim de que o resultado final não seja o pior, quanto reserva o espaço à ação seja do "destino", seja do "acaso", ou seja do demiurgo que denominados G.·. A.·. D.·. U.·.. Questão de convicção.

Quando finalmente saboreamos a mistura que cuidadosamente fizemos em nosso prato, o sabor final nos induz a algumas conclusões que merecem a reflexão de tantos quantos estão interessados na Arte Real:

1. Todo sistema, se não se renova pela introdução de elementos novos, tende a imobilizar-se por fechamento, atingindo mais rapidamente o ponto de perda qualitativa de suas forças e ameaçando-se de extinção.
2. A mesma conseqüência se dá quando o sistema tende aos extremos contrários – ou à ortodoxia rígida ou à "atualização" descontrolada – pois, ou se enrijece num ponto de entropia nula ou atinge um grau de desorganização que é de máxima entropia.
3. A introdução no sistema de elementos qualitativamente diferenciados tende a potencializar (segundo Tsallis) a *intensidade* e a *direção* das mudanças. Isso significa que temos que refletir seriamente sobre a necessidade de atrairmos as *elites* (pessoas "aristocráticas") para a Ordem, tanto para a expansão horizontal das influências (nos quadros internos), quanto na vertical (na adequação crescente das estruturas internas) e na "diagonal" (resultante final desse jogo de forças que representa a *intensidade* e a *direção* da influência que exercerá no meio social).
4. Por conseqüência é importante que se reflita sobre o *tipo* de elitização que pretendemos na Arte Real: uma elitização econômica; uma moral; uma científica; uma espiritual? Uma qualificação que equilibre o melhor desses Valores? Que *qualidades* queremos potencializar?
5. Sendo um sistema complexo (como qualquer sistema social), ninguém terá jamais controle (ou certeza) sobre a orientação final do sistema. Isso é bom, pois por um lado nos tornará mais humildes, pois não teremos jamais a possibilidade de "criar" um sistema social segundo nossas idealizações, e, por outro, mais tolerantes, pois que todas as linhas de evolução poderão nos conduzir ao resultado final que, em última instância, jamais atingiremos.

Espero que o sabor final deste prato, se não satisfizer ao gosto de cada um, ao menos não seja de todo intragável.

A Providência e o Livre-Arbítrio

Está escrito que nenhuma folha cairá de uma árvore sem que seja a vontade de Deus. Essa afirmação está repetida várias vezes, de diversas maneiras, desde o Velho Testamento (Jó 5.6.17-18. Prov 5,21. 16,9. 19,21) até ao Novo: *"Não se vendem dois passarinhos por um asse? Todavia, nem um deles cai em terra sem a vontade de vosso Pai. Quanto a vós, até mesmo os cabelos todos de vossa cabeça estão contados"* (Mt 10, 29-30).

Também está escrito, muitas vezes, em todo o Evangelho (Rom 12,21. Mt 19,21. 1Cor 10,13), sobre a necessidade de o Homem escolher seu caminho livremente, como, por exemplo, as parábolas do joio entre o trigo (Mt 13,24-30.36-43) e da figueira estéril: *"Um homem tinha uma figueira plantada em sua vinha, e veio em busca do fruto dessa figueira, e não o achou. Disse então ao vinhateiro: Já lá vão três anos que venho em busca do fruto desta figueira e não o acho; corta-a; por que há de ela ocupar em vão a terra? Respondeu-lhe ele e disse: Senhor, deixa-a ainda este ano, para que eu cave ao redor e lance estrume, a ver se dá fruto; se não, cortá-la-ás depois"* (Lc 13, 6-8).

Como conciliar essas duas posições? Como entender duas afirmações tão contraditórias nos mesmos textos e, segundo a fé, saídas da boca do mesmo Deus?

Ora, Deus, ao nos conceder uma de suas qualidades – a liberdade de escolha – não abriu mão dessas qualidades, que são Suas. E nem poderia fazê-lo, sob pena de deixar de Ser. Nós somos livres, sim, para escolher nossos caminhos. Toda natureza proclama a liberdade humana, em contradição com o determinismo dos outros reinos (animal, vegetal e mineral). Nós mesmos, nas mais simples observações, somos obrigados a reconhecer nossa liberdade de escolha: olhemos cada uma de nossas realidades atuais e achemos uma (se for possível) que não seja fruto de nossas escolhas anteriores. As escolhas até podem ter sido inconscientes e, inclusive, "forçadas" pelas circunstâncias. Mas sempre foram escolhas livres que fizemos.

Mas Deus, por não estar no tempo, por não possuir passado, presente e nem futuro, simplesmente SER, é consciente de todas as coisas. Por isso dizemos que Ele é onisciente. Ele SABE de nossa fraqueza, de nossos condicionamentos, de nossas circunstâncias e, portanto, sabe de nossas más opções, de nossas quedas, tanto quanto de nossas boas opções e de nossas vitórias. Isso não nos tira a responsabilidade de escolha. Vejamos um exemplo: quando um jogador de futebol dribla a defesa adversária e chega cara a cara com o goleiro, todos "sabemos" que ele vai chutar em gol. Ninguém pensaria que ele irá chutar propositadamente para fora. Isso, no entanto, não tira desse jogador o direito à escolha. Ele chutará, sim. Chutará porque escolheu jogar, escolheu jogar naquele time (o que o pôs em campo contra aquele outro), escolheu ganhar o jogo, escolheu, escolheu, escolheu... O fato de considerarmos "lógica" aquela escolha, não tira dela seu caráter de liberdade. O fato de "sabermos" que ela será "fatalmente" daquele jeito, ainda não tira dela esse caráter.

Mas ainda assim resta uma questão nesse problema: as Escrituras falam de que nada acontece sem ser ***a Sua vontade.*** Então não é só uma questão de "saber", mas, sobretudo, uma questão de "querer". Aqui entramos no campo dos "mistérios" e muitas páginas têm sido escritas sobre isso. Muitas lendas também. Para nós, com nossa natureza curiosa e insatisfeita, dizer que algo é "mistério" é uma solução que não satisfaz à nossa dúvida. Ainda assim, é real. O mistério existe. O vasto campo de coisas que ainda não conhecemos (a natureza do câncer, o porquê da calvície, a razão da hereditariedade, e milhões de coisas mais), para nós se constitui um mistério. Não estar sujeito ao Tempo e nem ao Espaço, como é da natureza do mundo espiritual, para nós é absolutamente incompreensível.

Ainda assim, Deus nos concedeu "pistas" dessa realidade incompreensível para que possamos ao menos vislumbrar a Luz. É uma fresta que, ao contrário de nos fechar a porta, nos deixa perceber que há um outro lado muito mais real do que o nosso, porque menos limitado. Vejamos isso num outro exemplo: quantas vezes nossos filhos, quando aprendendo a andar, bracinhos estendidos e olhinhos arregalados, tropegamente andavam em nossa direção e viam (horrorizados) que nós os deixávamos cair sentados. Que coisa tão incompreensível para aquelas criaturinhas já acostumadas a serem amparadas e protegidas. Contudo, nós "víamos" o que elas não conseguiam ver: que era necessário cair algumas vezes (sob segura proteção) para que aprendêssemos a correr. Outro exemplo encontramos na estória da criança que viu a larva da borboleta esforçando-se "dolorosamente" para romper o casulo que a aprisionava. Desejando fazer-lhe um bem, a criança cuidadosamente rompeu o casulo, deixando que a larva se livrasse sem nenhum esforço. Mas aí veio a decepção: a larva, impedida de ter que se esforçar e lutar por sua liberdade, tornou-se flácida e sem força. E nunca conseguiu ser uma borboleta. O mal era apenas aparente, pois, para quem conseguia VER, era o sumo bem. Pelo contrário, o aparente bem que fora feito, revelou-se, ao final, o sumo MAL para aquela criaturinha.

Em um livro maravilhoso[34], Evaristo de Miranda nos diz que o relato do Gênesis nos anuncia um paradoxo: como podemos ser *imagem* e *semelhança* de Deus ao mesmo tempo? Acostumados a entender *imagem* e *semelhança* como sinônimos, não nos damos conta de que são duas coisas não só diferentes como também opostas: a imagem é um reflexo, uma fotografia; a semelhança é uma identidade, uma potência. Assim, nos diz o autor que já os padres da Igreja, como São

[34] *Corpo – o território do sagrado*, de Evaristo Eduardo de Miranda, Edições Loyola, São Paulo, 2000.

Basílio, ensinavam que *"fomos criados à imagem de Deus, resta a nós nos tornarmos sua semelhança"*. Já somos uma semente; depende de nós o desabrochar até à plenitude das nossas potencialidades.

Será por isso que a filosofia oriental nos diz que o que pensamos ser realidade é Ilusão? Será isso que o Cristo quis nos dizer, quando nos avisou de que *"vós estais neste mundo, mas não sois deste mundo"*?

O escultor pega o bloco de granito e, ao *retirar-lhe os excessos*, faz aparecer a estátua maravilhosa *que estava aprisionada no bloco até que o artista a libertasse.* Que estátua estava aprisionada naquele bloco? Aquela que estava no sonho do artista que a *libertou*. Poderia ser tanto um Apolo quanto uma Diana; tanto um santo quanto um demônio. Da mesma forma se dá conosco: somos pedras brutas das quais, retirando os excessos, libertaremos a imagem que está aprisionada nela. Poderá ser um Homem ou um animal, um santo ou um demônio. Dependerá do nosso trabalho paciente e constante, da força do maço e da precisão do cinzel. Mas dependerá, ao final, sobretudo, do tipo de sonho que cultivamos a nosso próprio respeito.

Fiat lux!

∴

O Ciclo do Tempo

Ou: Retorno da "Maçonaria Operativa"

As associações de profissionais surgiram no início do Império Romano, em aproximadamente 700 a.C., com *os Collegia*, que acompanhavam os exércitos, também conquistando o mundo, embora através de suas construções.

Com o início do Feudalismo, a proibição de livre deslocamento obrigou os remanescentes dessas associações a se abrigarem nos conventos, sob a direção de arquitetos clérigos, cujos nomes marcaram a história: os bispos de Tours, Limoges, Rodez, Chalon-sur-Saône, entre tantos outros.

Com a especialização crescente, paralelamente a essas surgiram associações leigas que, além das preocupações profissionais, se dedicavam à caridade e à solidariedade, ainda se mantendo sob a égide de um santo padroeiro. As guildas foram, no século VII, um exemplo dessas associações.

O trabalho especializado exigia o conhecimento de técnicas, que eram conservadas sob segredo e juramento a fim de defender a associação e de realizar uma "reserva de mercado" do mestre. O conhecimento especializado já era, naquela época, um bem de capital. Técnicas de extração de minério, fundição, solda, fabricação de ferramentas e instrumentos de medição, exigiam vastos conhecimentos profissionais e científicos (matemáticos, químicos, geológicos), cujos segredos eram transmitidos com reservas e mediante formas cifradas e alegóricas que evitassem a sua fácil apropriação.

Era a existência do segredo e a livre associação de seus membros que assustava os monopolizadores da consciência daquela época, como a Igreja, e os monopolizadores do poder político, como o Estado. Isso acabou por colocar essas instituições sob suspeita e, não poucas vezes, sob proibição explícita e perseguições físicas: a destruição dos Templários, por Felipe, O Belo, com a conivência do Papa Clemente V; a condenação das Confrarias pelo Concílio de Avignon, em 1326; a proibição, pelo Parlamento Inglês, das associações de pedreiros em 1360, e assim sucessivamente, até as proibições à Maçonaria Especulativa feitas pelos regimes nazista, fascista e comunista.

No século XIII, aproximadamente, veio a surgir a Compagnonage, na França, com um caráter revolucionário em relação às outras formas de trabalho: as guildas de corporações eram organizações hierárquicas, e vir a tornar-se mestre, nelas, era uma rara possibilidade (daí o porquê da morte de Hiram); a Compagnonage, ao contrário, era uma associação de Companheiros que visava defender-se contra os interesses patronais e assegurar o monopólio do mercado. Associação secreta, ritualística, na festa do seu santo padroeiro queimava seus papéis e bebia as cinzas no vinho da comemoração, para evitar que seus segredos fossem invadidos.

Ainda hoje existe essa associação, com o nome de Companheiros do Dever, na França, abrangendo mais ou menos 30 ofícios.

A revista Reader's Digest publicou um artigo sobre ela, com o título "Mãos que moldam o mundo".

Jean Wiart, que ajudou a restaurar a tocha de cobre da estátua da Liberdade, construiu a torre da Igreja Presbiteriana da 5ª Avenida e fabricou, à mão, os portões e corrimãos de ferro forjado das casas de Ralph Lauren e Madonna, diz que, para um compagnon, "ir para o trabalho nunca significa em esforço. Quanto mais difícil e complexo for o caso que tivermos nas mãos, mais estimulados nos sentimos".

No século passado os compagnons eram tão importantes que

obrigavam patrões a fecharem as portas, boicotando suas atividades, e ninguém se atrevia a furar uma greve decretada por eles.

Hoje, a associação prepara jovens em vários ofícios, desde a fabricação de chocolates até a restauração arquitetônica. Ajudou a furar o novo Túnel do Canal, a construir a nova pirâmide do Louvre e a fabricar o foguete espacial Ariane. O que a une é a idéia de que o trabalho manual é uma vocação nobre.

Na porta de uma de suas oficinas, lê-se: "O trabalho de tua mão ensina-te o valor das coisas da terra". A formação de um Compagnon é de altíssima qualidade e é, ainda hoje, quase um passaporte para o futuro.

Os Compagnons ainda mantêm a transmissão oral de seus conhecimentos. Os seus aprendizes estudam anos sob a direção de mestres diferentes, em várias cidades, a chamada "volta à França", viagens que seus aprendizes realizam no processo de especialização de seus conhecimentos. Nós as realizamos simbolicamente, com o mesmo significado.

Finalmente, após esses anos de estudo, devem apresentar um *chef-d'oeuvre* (obra-prima), a fim de diplomar-se e serem considerados mestres.

A associação mantém uma rígida formação moral de seus aprendizes e o candidato só é aceito se for julgado "um jovem motivado, modesto, que aceita críticas, paciente e persistente". Só se seu perfil é correto ele é aceito como aprendiz.

As guildas colocam seus aprendizes em empresas para aprender os rudimentos da profissão, pela metade do salário, e, após dois anos, se aprovados, iniciam seu *tour* pelas oficinas especializadas da associação, coisa que leva de seis a oito anos. Patrick Kalita, mestre, hoje instalado (sic) em Montreal, pergunta: "De que outra maneira poderia ter viajado assim, adquirido tanta experiência, encontrado tão boa gente e aprendido como funciona o mundo?".

As guildas são fechadas às mulheres, pois do contrário, diz um autor francês, "o tempo livre tradicionalmente dedicado à pesquisa e ao trabalho pessoal seria usado de maneira diferente".

Cada casa da guilda, entretanto, é dirigida por uma mulher, a *Mére*, muitas vezes mulher de um Compagnon estabelecido, que garante a boa ordem da casa, as refeições e a moral. Na sala de jantar, à vista de todos, estão as regras da casa, que incluem a proibição de "empregar expressões grosseiras, criticar quem está ausente, sujar a mesa ou o chão".

A obra-prima de conclusão de curso é apresentada a um júri de Compagnons veteranos e "os candidatos integram nela complexidades de estrutura e concepção, tornando o projeto o mais refinado possível".

Depois de aceito o projeto, o novo Compagnon recebe um nome cerimonial e um bastão de junco com uma maçaneta ornamental de chifre, marfim, prata ou madeira, gravado com os emblemas da profissão, o nome e a data em que foi aceito pela Confraria. Nos casamentos, os bastões são cruzados para os noivos passarem sob sua abóbada e, quando alguém morre, o bastão pode ser levado no caixão.

Todos os ofícios possuem um santo padroeiro e muitos dias tradicionais de festas, onde se cantam as canções tradicionais da guilda.

Os Compagnons restabeleceram uma qualidade ética e profissional que estava quase extinta.

Muitas reflexões sobre a vida atual e as profissões podem ser feitas a partir desse estilo de encarar o trabalho e a vida, como obras de arte. Uma, que me parece importante, é que a Maçonaria teve a estrutura de composição de suas Lojas mudada, mas não a essência de sua missão. Em seus princípios, as Lojas reuniam artesãos que se dedicavam ao mesmo ofício e que buscavam a mútua proteção e o aprimoramento profissional, sob a forma de uma ética rigorosa, o que os tornou tão exemplares enquanto organização que acabaram por atrair a atenção e o interesse de sábios, estudiosos, místicos e líderes sociais de toda ordem, o que acabou resultando na formação da moderna Maçonaria especulativa. Hoje, nossas Lojas reúnem profissionais dos mais variados ramos, o que as torna culturalmente ainda mais ricas, devido à interdisciplinaridade, e potencialmente mais fortes, devido à variedade de seu espectro sócio-político.

Sua missão, contudo, continua a mesma. Nossa pedagogia sócio-política ainda é a busca da maestria individual em nossas "artes" de ofício e o desenvolvimento de uma ética rigorosa, a fim de, pelo exemplo de nossa prática, motivarmos – o que é bem diferente de obrigarmos – a transformação das práticas sociais, políticas e econômicas, em busca de um mundo que, tendo o Homem por objetivo e medida, seja cada vez mais justo e perfeito.

Como outrora, contudo, essa missão continua dificultada e ameaçada por todos os assassinos de Hiram, que se escondem mais em nossos próprios corações do que nos de pretensos inimigos.

Irmãos, aos Aventais!

∴

Seja Feita a Vontade de Deus

A coisa que mais sabemos, de que temos mais certeza, e a que mais temos dificuldade de aceitar é que tudo está em constante mudança! Se pararmos um pouco nossa correria para observar nossas vidas, verificamos o quanto isso é real: que restou daquele garotinho que éramos ainda ontem? Onde andará agora aquele jovem entusiasmado e ansioso que, vestido de noivo, julgava que sua vida se eternizava em tanta felicidade? Para onde foi aquele inseguro menino que, estômago apertado, enfrentava o primeiro dia de trabalho como quem enfrenta uma catástrofe que nunca irá ter fim?

Hoje, olhando para trás, parece que esses "eus" não somos nós; parece que esses momentos não foram reais, mas apenas sonhos que tivemos e dos quais já nos esquecíamos. No entanto, sabemos que aquele garotinho, aquele jovem e aquele menino somos nós, e tudo quanto somos hoje se deve a termos sido aquele garotinho, aquele jovem e aquele menino.

Se pensarmos um pouco sobre como se nos apresentam essas recordações do ontem, verificaremos que o tempo para nós se apresenta como uma sucessão de perdas: ao passarmos numa rua, vemos a casa que um dia foi nossa; naquele prédio, a empresa onde um dia trabalhamos; naquela cidade, a lembrança do menino que fomos e dos amigos que tínhamos; até no espelho, a recordação (quase impossível) do corpo e da cara que uma vez tivemos.

As razões psicológicas e culturais de percebermos o tempo dessa maneira são várias. Uma razão possível é que aprendemos que ter é mais importante que ser: por isso, não *somos* jovens, mas *temos* uma juventude, como se perdêssemos a nós mesmos. Outra possível razão é que em nossa cultura olhamos os processos como se fossem momentos eternos: raramente dizemos estou te amando, mas te amo, como se isso fosse um fato definitivo. E o pior é que tratamos nossas vidas, nossos pais, amigos, cônjuges e filhos como se as relações fossem cristalizadas e nunca pudessem se alterar.

Dessa falsa percepção do tempo – e da vida – é que se origina grande parte de nossos sofrimentos, pois são sentimentos de *perda* que temos no inexorável processo de mudança. Quando as pessoas e os momentos se constituem objetos que "possuímos" e aos quais nos apegamos, nós sofremos suas perdas como a criança que chora o brinquedo querido que perdeu.

Em nossa reflexão, contudo, sentimos que há uma consciência que, acima dos condicionamentos culturais, nos permite perceber que a realidade é diferente: o tempo é um *continuum* onde os vários momentos possuem uma singularidade apenas ilusória. Na verdade, o filho de um ano, de seis e de dez é percebido como o mesmo filho, total a cada momento, sempre o mesmo, e que é para sempre parte de nós, esteja ou não fisicamente próximo.

Hoje, quando digo ao meu filho de 25 anos: "Como você era engraçado chupando o dedo do pé", estou na verdade, vendo aquele homem de 25 anos chupando o dedo do pé, pois é ele e não outro de quem lembro e a quem amo.

Também meus pais, meus amigos, as paisagens e as pessoas que encontrei, são parte de mim para sempre e nunca poderei perdê-las, pois elas são eu. A recíproca é totalmente verdadeira. Essa é a verdade e é assim que Deus vê a realidade. Por isso Deus não pode sofrer. Nós, em nossa materialidade, é que temos esse véu de Maya que nos tolda a visão e nos engana.

Essa compreensão holística, essa percepção da Unidade de todas as coisas, da realidade ecológica da vida e do universo, está tanto por detrás dos ensinamentos místicos quanto da nova visão de ciência que aparece na física, na medicina, na psicologia, na biologia, etc.

Quando dizemos "seja feita a vontade de Deus", um sentimento paradoxal nos invade: "Tomara que seja" e "que medo que não seja *aquela* vontade que *eu desejo* que se faça" (Ah! Esse número dois!).

No entanto, se nos calarmos para ouvir, nossa consciência superior nos demonstra que essa vontade é aquela unidade de todas as coisas e que, portanto, quando ela se faz, o sentimento de integração e totalidade que nos preenche é como um bálsamo que refrigera todo nosso ser porque a eternidade nos penetra, as separações desaparecem e tudo e todos nos tornamos um.

Eis por que, meus Irmãos, quando as ilusões da falsa realidade vos ameaçarem com sofrimentos e medos, simplesmente entregai-vos à corrente da vida e deixai que vossos corações sussurrem com absoluta confiança: seja feita a vontade de Deus!

Amém!

∴

PARTE III

Colocando as Pedras Simbólicas

A Linguagem Simbólica

Como a realidade é dialeticamente constituída, ela é composta por pólos opostos que se opõem ao mesmo tempo em que se compreendem mutuamente, relacionando-se de forma inseparável, como nos ensina a instrução referente ao número dois. Assim, não podemos imaginar o frio sem o calor, o alto sem o baixo, o belo sem o feio, a essência sem a forma.

É em função dessa abordagem que se torna mais compreensível a famosa expressão: assim como é em cima é embaixo. Isso porque é impossível um "em cima" separado de um "embaixo". As realidades opostas se compreendem na medida em que se definem mutuamente.

Muitas conseqüências se podem tirar desse princípio. A principal delas, para esta reflexão, é que sendo o homem constituído tanto de razão quanto de emoção; tanto de consciência quanto de inconsciência; tanto de corpo quanto de espírito; não há como pensá-lo parcializadamente, isto é, *apenas* isto ou *apenas* aquilo. Onde atuar um ser humano, ele atuará completamente, embora ora um ora outro de seus aspectos possa estar sendo privilegiado em dado momento. Na família, por exemplo, ao contrário de na empresa, o lado emocional poderá superar o racional no mais das vezes, sem que isso signifique a ausência da racionalidade.

Numa instituição de formação de caráter, como é a Maçonaria, há mais fortes razões para que os lados racional e espiritual se entrelacem ainda mais intimamente, a lógica e o sentimento se mesclem, a aparência e a essência correspondam-se mais coerentemente. Daí se dizer, como querem alguns, que uma instituição de cunho moral seja exclusivamente racional ou, como querem outros, exclusivamente espiritual, não tem o menor sentido.

Espiritual, aqui é conceito que se refere à transcendentalidade e não tem caráter sectário (o que não seria maçônico) e nem se refere a fantasias pseudo-esotéricas, embora o "esotérico" faça parte das pedagogias iniciáticas e simbólicas. Espiritual ou místico é todo esforço de desenvolvimento interior, de "centragem" da personalidade, de desenvolvimento do Ser. O ser humano que não pretenda esse desenvolvimento, por maiores progressos que faça nos planos intelectual, material ou social, nunca será plenamente humano.

O meio de comunicação que o homem possui para estabelecer contato com seu ser interior é a linguagem dos símbolos.

Freud e Jung trataram exaustivamente dessa questão. Jung demonstrou quanto certos símbolos, como a trindade, o sol, as colunas e as estrelas, por exemplo, são arquetípicos, isto é, fazem parte do inconsciente coletivo da espécie e como sua decifração é importante para o homem vir a conhecer-se.

O símbolo é a chave que liga o Ego ao Eu superior. Este, ao contrário daquele *eu* consciente, não está mergulhado no fluxo da corrente mental. É o Eu imperturbável de que falaram os místicos, como Santa Tereza ou São João da Cruz; os psicólogos humanistas, como Assagioli, Fromm e Frankl; os filósofos, como Kant e Herbart.

O símbolo acumula e preserva uma carga psicológica dinâmica, capaz de desencadear o raciocínio analógico, abrindo a consciência para novas relações entre as coisas.

Através da linguagem simbólica, herdamos antigos e sábios ensinamentos que, em forma de lendas, de história ou de parábolas, nos trazem as conquistas do homem na busca por si mesmo.

É o caso dos quatro animais do Evangelho de Mateus – águia,

boi, leão e homem – que se encontram também na esfinge de Gizé e na da peça de Sófocles, interpelando o passante.

A águia=água=sentimento, o boi=terra=sensação, o leão=fogo=intuição e o homem=ar=pensamento são as imagens arquetípicas das quatro funções psicológicas da individuação, isto é, do amadurecimento do ser humano. Por isso diz a Esfinge: "Decifra-me ou te devorarei", pois se não conseguirmos desenvolver integramente essas quatro funções, seremos literalmente devorados por nós mesmos.

Osíris, Hércules, Teseu e Perseu, Parsifal ou Siddharta Gautama são heróis representativos do homem buscando o "quem eu sou" o tesouro do Graal, a pedra filosofal, a conquista simultânea do EU e do TODO.

Como decorrente dessa linha de raciocínio, temos que a Maçonaria não pode ser entendida desde um ponto de vista mistificador (ao invés de místico), onde as lendas sejam tomadas literalmente como verdadeiras, nem desde um ponto de vista racionalista (ao invés de racional), como o ultrapassado cientificismo positivista do século XIX.

O homem é um ser completo que deve desenvolver-se racional e espiritualmente; individual e socialmente; emocional e politicamente; já que é um sistema de partes inseparáveis.

Daí o método simbólico da didática maçônica. O símbolo une o consciente e o inconsciente, o exterior e o interior, a forma e a essência. Andar ritualisticamente, executar gestos e receitar fórmulas, são *drives* de um caminho interior, de gestos e fórmulas internos que nos levam a graus de cada vez mais profundidade. Internamente somos despertados para a intuição de toques e palavras de passe que abrem portas até então fechadas, em busca do Sanctum mais íntimo, onde se dá o encontro do EU e do TODO.

Dominar paixões e emoções; alargar a mente e, finalmente, despertar o espírito, é a tarefa árdua e perene, onde cada senda tem suas portas e seus mistérios. Por isso só podemos, de início, soletrar, onde uma letra é dada após outra, num esforço paciente de encontro com o EU.

Sabiamente disse em uma de nossas reuniões um querido Irmão: *a Maçonaria não tem segredos; quem tem segredos somos nós.*

∴

O Simbolismo Maçônico[35]

(uma resenha)

Como todo grupo humano, a Maçonaria utiliza sinais, linguagem e gestos com significações específicas. Esses sinais, essa linguagem e esses gestos necessitam ser reconhecidos por todos, num mesmo contexto, a fim de se tornarem compreensíveis.

Os Símbolos Maçônicos têm sido usados em todas as épocas e em todos os países com a intenção de produzir interpretações morais. Por isso se diz que a Maçonaria é uma instituição de formação moral que utiliza uma linguagem simbólica.

Em outras palavras: a finalidade da linguagem simbólica é poder ser compreendida por cada um com uma *"imprecisão organizada"*, isto é, permitindo um espaço onde haja liberdade de interpretação, embora sempre dentro da intenção moralizante.

O sistema educativo da Maçonaria é dúbio: ele se utiliza tanto da racionalidade – inteligência, saber, informação – quanto da "irracionalidade" – intuição e afetividade.

Mas qual a função do simbolismo na Maçonaria? O simbolismo maçônico responde a várias funções essenciais que fazem dele a infra-estrutura indispensável à sobrevivência da Maçonaria.

Vejamos algumas dessas funções:

A função de distinção: *externamente*, o simbolismo serve para

---

[35] Resenha do artigo de Luc Nefontaine da Universidade de Bruxelas, Bélgica, em artigo traduzido pelo Irm∴ Mariano Moreira e publicado em O PRUMO, nº 134, pp. 22-23.

distinguir o Iniciado do Profano, provocando a separação dos dois mundos; *internamente*, serve para distinguir funções, Graus e níveis hierárquicos.

A função moralizadora: os Símbolos pretendem orientar o nosso comportamento. Esta função evolui no tempo: a moral maçônica se torna natural, laica, religiosa, racionalista, etc., conforme a época e os locais onde se situa.

A função social: o simbolismo desempenha um papel de organização na vida da Loja e da Ordem ao distinguir e coordenar as funções, os Graus e os níveis hierárquicos.

A função unificadora: a prática de um simbolismo comum promove o sentimento de integração de todos os membros da Ordem espalhados no mundo.

A função reconciliadora: o Símbolo reconcilia religião e ciência, espiritualismo e materialismo, pensamento lógico e intuição. A Iniciação Maçônica é um exemplo claro dessa reconciliação.

A função metafísica: os Símbolos permitem um contato com o absoluto, à medida que representam algo que não se restringe aos limites de tempo e espaço.

A função gnóstica: o Símbolo pretende, através da intuição e da analogia, produzir um tipo de interpretação da realidade.

A função libertadora: o Símbolo, na medida em que permite reunir coisas díspares – racionais e intuitivas, religiosas e científicas – concede um grau de liberdade ao Iniciado que conduz ao desenvolvimento pessoal não dogmatizado.

A função orientadora: o Simbolismo Maçônico expressa um universo moral que estabelece uma escala de valores que orienta e justifica o comportamento do Iniciado.

A função emotiva: falando ao coração, tanto quanto à razão, o Símbolo consegue integrar emoções no processo de ultrapassar os impulsos egocêntricos.

Falar de Maçonaria, portanto, é falar de Simbolismo. É este que a funda e a funde; que lhe deu nascimento e a mantém viva.

Sem o Simbolismo, a Maçonaria deixa de existir.

A Coluna B

Quando adentramos ao Templo, duas colunas chamam nossa atenção: uma que nos apresenta a letra **B** e outra a letra **J**. Essas letras são, respectivamente, as primeiras letras das Palavras Sagradas das Colunas do Norte e do Sul, ou seja, as Palavras Sagradas dos Graus de Aprendiz e Companheiro.

Os três Graus Simbólicos – Aprendiz, Companheiro e Mestre – são os três estágios pelos quais passamos na Maçonaria Simbólica, buscando desenvolver, na senda do nosso crescimento integral, as capacidades de *intuição, análise* e *síntese*[36].

É claro que, como em toda realização humana, essas qualidades podem ser realmente buscadas pelo Maçom ou simplesmente incorporar seu discurso, sem nunca sair do nível do *falado.* Mesmo quando sinceramente buscadas, sua realização é relativa, pois os níveis de desenvolvimento humano dependem muito das condições e possibilidades individuais.

Dessa forma, a Maçonaria, como qualquer instituição humana, só pode julgar o que é aparente, o aspecto fenomenal. De nosso íntimo, cada um de nós prestará contas solitariamente à Consciência Cósmica.

Consideremos, contudo, que nossa intenção na Ordem seja

---

[36] José CASTELLANI, *O Rito Escocês Antigo e Aceito,* Londrina: "A TROLHA", 1996.

buscar sinceramente a evolução, tornando-nos seres integrais (física, mental e espiritualmente). Nesse caso, o que significará o primeiro Grau, o de Aprendiz, cuja Palavra Sagrada nos foi dada na Iniciação?

Temos, por um lado, que esse Grau busca desenvolver a *intuição* e, por outro, que ele é designado por essa palavra que significa *Força*. Intuir vem do latim *intueri*, que significa *visão rápida e completa de uma coisa; conhecimento espontâneo*. Em linguagem científica, o termo da moda seria *insight*, cuja melhor tradução, na linguagem vulgar, é *clic!*

Por (e para) isso, no Grau de Aprendiz se apresenta ao recém-Iniciado uma visão panorâmica da doutrina e da simbologia maçônicas, expressas nas Instruções e em todos os Símbolos que ornamentam a Loja, especialmente no Painel do Grau. É uma apresentação maciça que visa, mais do que apresentar o embasamento dos Graus Simbólicos aí contidos, *chocar* o Neófito, para conduzi-lo ao *insight*, a ter o *clic* do *"Ah! Então é isso!"*. *Isso*, é o caminho que, uma vez vislumbrado, passa a nos atrair irresistivelmente, mesmo contra todas as imperfeições e aparentes contradições que percebemos na face humana da instituição.

É nesse momento que entra o aspecto da força, o **B** da primeira Coluna. Mas o que tem a força a ver com o desenvolvimento humano, especialmente o espiritual?

Os grandes paradoxos que se nos apresentam durante a vida toda, as contradições que constituem a realidade, não são mais do que o motor do eterno movimento de todas as coisas. Por isso eles nos chocam, quando os percebemos, desafiando-nos a analisá-los em busca de eternas mas efêmeras sínteses (olha, de novo, o paradoxo!).

Os Evangelhos, como a maioria das escrituras sagradas de todos os povos, acham-se cheios dessas aparentes contradições. Por exemplo, lemos em Mateus 11,12 o Cristo dizer que *"desde os dias de João Batista até agora o reino dos céus irrompem com violência e violentos o arrebatam"*. Ora, de que violência nos fala o Messias, que veio pregar o reino do amor, da ternura e da mansidão?

Façamos uma breve reflexão sobre algo muito comum em nossas vidas: quantas e quantas vezes, reconhecendo nosso sedentarismo, nos propusemos a seguir um plano de exercícios físicos? Talvez até tenhamos lido sobre o assunto e, inclusive, comprado uma esteira ou um conjunto de pesos. Mas nunca chegamos à terceira sessão... se é que fomos tão longe!

Meditação! Palavra tão atraente a toda gente, especialmente a nós, que nos consideramos com pendores místicos. Se fizermos um gráfico com duas curvas, uma representando todos os livros e artigos que lemos sobre meditação, e outra as horas que efetivamente dedicamos a meditar, que figura encontraremos? Provavelmente a primeira será uma curva ascendente e a segunda não se afastará muito além do eixo dos x.

O filósofo grego Sócrates, notável por sua coerência levada ao extremo, disse que *só aprendemos realmente aquilo que nos modifica*. Essa é uma verdade fundamental: se o conhecimento não nos conduz à mudança, ele não é conhecimento, é apenas informação.

Feitas essas reflexões, já podemos saber de que *força* nos fala a Coluna **B** e de que *violência* nos falam os Evangelhos: a força da perseverança, da busca constante, da resistência contínua a todos os *nãos* que nossa tendência à inércia nos grita. A força de fazer com que a prática de nossas intenções comece *agora*, e não na próxima segunda-feira. A força de dizer *não* aos apelos do hábito e às tentações das circunstâncias. A força de subjugar nossas paixões e submeter nossa vontade aos valores mais elevados.

Essa a tarefa que temos como Aprendizes! Não é uma tarefa que será cumprida no primeiro Grau, mas uma aquisição do espírito que deverá nos acompanhar para sempre: a *intuição* aliada à *força*.

Os Graus Simbólicos não são gavetinhas estanques, mas níveis que se interpenetram, um pressupondo o outro, os mais "altos" se apoiando nos mais "baixos".

Essa é a semente que se pretende plantar nesse Grau. O resto depende do solo!

O Avental

A presente peça, trabalho do Grau de Aprendiz, foi inspirada por nosso Irm∴ HARINAMA, a propósito de uma passagem constante do manual do Aprendiz, onde o Venerável Mestre instrui: "Sem ele [o Avental] não podereis comparecer às nossas reuniões, e também não deveis usá-lo para visitar uma Loja em que haja um Irmão contra o qual tenhais animosidade ou com o qual estejais em desarmonia".

A curiosidade que nos moveu foi exatamente essa: que relação há entre o Avental, enquanto insígnia de trabalho, e as relações de fraternidade maçônica?

Na verdade, o Avental, como diz a Cerimônia de Iniciação, é mais que um objeto, é uma insígnia, palavra de origem latina que significa tanto emblema quanto "sinal frisante que marca bem a diferença entre duas pessoas ou coisas" [Dic. Etim. da língua portuguesa. Edit. Domingos Barreira, Porto, Portugal].

Já a própria definição nos instrui muito: enquanto emblema, o Avental representa a disposição do Maçom para o trabalho que executa em Loja, lapidando-se com esmero para tornar-se pedra digna do Templo que o povo maçônico eleva no mundo todo. Enquanto sinal frisante de distinção, o Avental pontua a diferença de postura íntima, isto é, de atitude, que há entre o homem profano e o Iniciado. O homem profano, por definição, cede às suas paixões, simpatizando e antipatizando com o seu semelhante sem maiores preocupações; o

Iniciado, por sua vez, faz de cada minuto de seu dia uma fração da régua de 24 polegadas, com que mede suas ações e sentimentos, procurando transmutá-los em material mais nobre, numa reação alquímica profundamente mística. Assim dito, essa análise parece apenas poesia; se não for assim, porém, todo o objetivo da Iniciação se frustra e nossas Lojas se reduzem apenas a um simples clube de serviço.

Apenas essa constatação já responderia, por si só, a nossa indagação inicial. Mas a simbologia do Avental não se esgota apenas no constituir-se Sinal.

Para o Aprendiz, o Avental recita uma importante lição, sempre que é colocado para os trabalhos, ao lembrá-lo nas formas, do retângulo e do triângulo, que seu grande desiderato é superar o plano exclusivamente material pelo desenvolvimento espiritual. A abeta levantada não deixa o Aprendiz esquecer-se de que há ainda um longo caminho até que ele possa "engravidar" de espírito sua materialidade e assim dar à luz um mundo melhor.

O homem é um ser dual – matéria e espírito – e enquanto não reencontrar sua unidade não superará as contradições que o perdem. Essa verdade nos ensina a simbologia dos números 1, 2, e 3. Não se trata de radicalizar, de optar pela matéria ou pelo espírito, como fazem alguns, nem se trata de separar espírito e matéria como aspectos inconciliáveis, como o fazem as posições maniqueístas. Também não se trata de amaldiçoar o homem por fazer o mal ou de santificá-lo por fazer o bem, como pretendem algumas seitas religiosas. Matéria e Espírito, bem e mal, são aspectos inseparáveis da mesma unidade, que devem ser transcendidos na unidade do ternário, que já não é mais a unidade inicial, mas o princípio da própria evolução. Isso tudo nos ensina alegoricamente o Avental.

Esse movimento dialético dos contrários, o Avental simboliza. Sendo a vestimenta de trabalho do Maçom, isto é, a sua roupa, como outrora foi a roupa de trabalho dos obreiros dos templos, nos ensina a instrução nº 3, que fomos recebidos na Maçonaria "nem nus, nem vestidos", isto é, com os valores de nosso conteúdo profano mas sem nenhum conteúdo de Iniciado. O Avental, enquanto roupa, nos deixa seminus e semivestidos, isto é, nos faz não um SER mas um VIR-A-SER; não um estado, mas um processo; não um produto, mas um *trabalho.*

Do ponto de vista matemático, uma das sete ciências que devemos cultivar, o avental é ainda uma lição. O retângulo que ele forma possui as dimensões 30 de largura, por 40 de comprimento, o que faz com que tenha 50 de diâmetro. Além do simbolismo conhecido desses números [3, 4 e 5] e sua importância na Maçonaria, o avental se compõe de dois triângulos com as medidas 3 e 4 para os catetos e 5 para a hipotenusa, demonstrando assim o teorema de Pitágoras [Teorema 47 de Euclides], de que o quadrado da hipotenusa contém a soma dos quadrados dos catetos.

É curioso, ainda, para os Irmãos que possuem inclinação às interpretações místicas, ressaltar que o Avental, ao contrário de outras peças de vestimenta, para "evitar de o homem sujar-se", é colocado nos chakras inferiores, como que a "filtrar" as emoções mais baixas.

Há, ainda, uma correspondência entre o uso do avental e o antigo costume hebreu de "cingir os rins". Jesus, falando a Pedro sobre a maneira pela qual haveria Pedro de morrer, diz a ele: houve tempo em que cingias teus rins e ias para onde querias; outros, porém, virão, cingirão teus rins e te levarão para onde não desejas [citação não literal]. Cingir os rins, órgãos da força, da decisão, significava assenhorar-se de si mesmo, dominar seu próprio destino, responsabilizar-se por seus atos. É também o que para nós Maçons, o Avental representa. Não será ainda por acaso que, do ponto de vista da abordagem psicossomática do homem, doenças dos rins significam, muitas vezes, desapontamento, medo e frustração.

Para concluir estas reflexões, queremos finalmente fazer a ligação entre o uso do avental e as relações fraternas: no evangelho de Mt 5,23-24, Jesus determina que *"se, pois, fores apresentar tua oferta perante o altar e ali te lembrares de que teu irmão tem algo contra ti, deixa ali tua oferta diante do altar, vai primeiro reconciliar-te com teu irmão e depois volta para apresentar a tua oferta*". Não podemos fazer a Boa Obra se em nossos corações os sentimentos não estão puros.

∴

Deus Geometriza?

Entre os símbolos, os números encontram lugar privilegiado. Todas as religiões e escolas místicas de pensamento, ciência, etc., não prescindem deles. Na Maçonaria, o estudo dos números ocupa lugar privilegiado em todos os Graus.

Já Pitágoras, filósofo grego nascido na ilha de Samos no século VI a.C., um dos maiores pesquisadores dos números entre todos os homens, fez desses o centro de seu sistema filosófico-místico, buscando o conceito de harmonia na sociedade, no espírito, na música, enfim, em todas as coisas.

Para os pitagóricos, a terra era uma estrela esférica entre outras, girando em torno de um fogo central, com suas distâncias coincidindo com intervalos musicais, de modo que no universo ressoa uma harmonia, por eles denominada harmonia das esferas.

Em dois outros artigos tratamos, de forma breve, dos números em suas relações com a Astrologia, não como uma "ciência adivinhatória", mas como um antigo estudo da descrição e da caracterização dos vários tipos humanos.

O caráter dialético de todos os fenômenos, que revela as contradições, as imbricações e as tendências de seus componentes, o famoso "perigo do número dois", tem sido motivo de estudo e reflexão por parte de todos os Maçons.

A manifestação trina de Deus, que faz do número três um tão

importante objeto de reflexão, é concepção encontrada em todas as religiões organizadas conhecidas (não só no cristianismo, como podemos pensar), além de ser fundamento de todas as teorias esotéricas de que temos conhecimento.

Os signos zodiacais, verdadeira tipologia do caráter humano em evolução, além de doze, número sagrado dos pitagóricos, coincidem (sic) com os doze apóstolos. Há estudos sobre a famosa representação da "santa ceia" de Da Vinci, procurando vincular a representação dos apóstolos ao zodíaco.

Isso tudo para não falar no importante livro do Apocalipse de João, onde o número é uma das importantes chaves de decodificação.

Não são poucas as pessoas, entretanto, que consideram essas visões "esotéricas" de mundo ou pura bobagem ou vestígios do pensamento pré-científico.

Será, entretanto, que o fato de os pitagóricos realmente maravilharem-se frente à descoberta de que os quadrados se podem formar como somas dos números ímpares sucessivos, $1+3+5+...+(2n-1)=n^2$, foi resultado de primitiva ignorância, ou nós é que perdemos a capacidade de nos maravilharmos com o Universo, como todos os grandes cientistas o fizeram e ainda o fazem?

O fato de a televisão ter entrado em nosso cotidiano faz com que, mesmo que não conheçamos o como de seu funcionamento, não paremos um minuto para nos maravilharmos com sua realidade. O fato de as notícias de tragédias, mortes, guerras, etc., terem se tornado cotidianas, anestesiaram de tal forma nossos sentimentos que não mais nos horrorizam. A banalização traz uma anestesia nos sentimentos.

Não será isso que aconteceu também com nossa espiritualidade? Hoje milhares de pessoas falam em Deus e dizem crer n'Ele. Quantas pessoas realmente agem como se Deus fosse uma verdade em suas vidas?

Para a grande maioria de nós, os números são coisas "para cientista", o que por si só já mereceria um estudo psicossociológico.

O mistério de as medidas das pirâmides conterem relações geodésicas precisas, impossíveis (pelo que sabemos) de serem conhecidas naquela época, não nos espanta. O simples fato de serem os números e as relações geométricas e trigonométricas fruto de *descoberta* e não de *invenção* do homem já não é fascinante?

O número é um ente abstrato não confundível com sua expressão. Não é maravilhoso saber que, ao contrário do que vulgarmente pensamos, os números e suas relações precederam no mundo a cada um de nós?

Mas os conhecimentos esotéricos não são, felizmente, conhecimentos inúteis que servem apenas para "entreter" o tempo de alguns lunáticos ou desocupados.

Da tentativa de conhecer a ordem por detrás do caos, dos pitagóricos herdamos muitos e importantíssimos conhecimentos matemáticos bastante "práticos". Só recentemente a ciência médica vem suspeitando do valor de muitas "superstições" populares. A partir do estudo científico da energia, por exemplo, uma pesquisadora científica da NASA descobriu que a aplicação da energia para a cura de males humanos é uma possibilidade.[37]

Na verdade, não há um conhecimento *científico*; o que ocorre é que nossa época elegeu o conhecimento empírico como o único "oficial" e, portanto, "correto".

Entre tantas utilizações práticas do conhecimento esotérico, uma vem se generalizando nos últimos anos. Trata-se do ENEAGRAMA. O Eneagrama é um modelo de classificação tipológica que provém da antiga sapiência dos sufistas orientais, tratando-se, em essência, da descoberta de própria máscara, do falso eu, que se expressa em uma de nove (daí eneagrama) formas. Conhecer a si mesmo e descartar-se da máscara é libertar-se e, assim, adquirir a possibilidade de poder relacionar-se com Deus de forma livre e perfeita, sem "jogo" e sem "bloqueios".

---

[37] BRENANN, Bárbara Ann. *Mãos de Luz*. São Paulo: Editora O Pensamento, 1994.

Os pontos de partida do Eneagrama são os becos sem saída que entramos em nossas tentativas de nos proteger contra ameaças internas ou externas. O Eneagrama é extremamente antigo e era transmitido, tradicionalmente, apenas dentro de escolas esotéricas, sem ser de domínio público. Era um conhecimento iniciático. Foi desenvolvido pelos sufistas, ao término da Idade Média.

Esse grupo místico muçulmano, de vida ascética, que surgiu por volta de cem anos após a morte de Maomé, desejava tomar consciência do amor infinito através da oração e da meditação. Nessa busca, julgaram perceber nove padrões constantes que faziam as pessoas não encontrarem Deus, mas esbarrarem-se continuamente em si mesmas.

As nove "faces da alma", os doze tipos zodiacais, os quatro temperamentos de Hipócrates, as oito combinações de funções de Jung, enfim, todas as análises da vida interior humana feitas pelos místicos de todas as correntes e religiões, sejam judaicas, zen-budistas, sufistas, rozacrucianas, etc., são "impressionamente" coincidentes (sic) em suas intuições fundamentais.

No século XV os matemáticos islâmicos descobriram o zero e desenvolveram o sistema decimal. Descobriram ainda que quando se divide 1 por 3 ou por 9 se encontra um outro tipo de número, a dízima periódica. Estas descobertas e o conhecimento da alma humana dos sufistas confluíram para formar o simbolismo do Eneagrama, que os sufistas chamaram de "semelhante" de Deus.

O Eneagrama consiste num círculo cuja circunferência é dividida em nove pontos, numerados de 1 a 9 no sentido horário. Os pontos 3, 6 e 9 ligam-se entre si, formando um triângulo retângulo. Um hexágono perpassa os pontos 1, 4, 1, 5, 8 e 7.

Esses números, curiosamente, são os algarismos que formam sempre a dízima encontrada pela divisão de qualquer número por 7, menos o próprio.

O filósofo e místico caucasiano Georg Gurdjieff (1870-1949), estudou o eneagrama no Tibet e o chamou de *perpetuum móbile*, tendo-o comparado à "pedra filosofal".

O Eneagrama nos auxilia a descobrirmos e a nos libertarmos de nossos *dons* que, curiosamente, são também nossos pecados (Ah! Esse número 2!).

Por que nossos dons tornam-se nossos pecados? Porque nos aferramos a eles, tornando-os a nossa personalidade, o único lado com que nos mostramos em nossas relações e, com isso, diminuímos e empobrecemos nossas vidas. Libertar-se dos dons (não eliminá-los, mas alargá-los) é o trabalho fundamental.

Interessante (repetimos) que essa visão coincide com uma abordagem psicológica do zodíaco – diferente da visão fatalista do signo –, que coloca nosso signo como a "tendência" a ser transcendida, a ser alargada, a ser superada. Nossa completude seria, assim, a realização de *todos* os signos (tendências ou dons). Não parece a representação da roda da vida do hinduísmo? Não parece, também, um caminho possível para "lapidar a pedra bruta?".

Quando estamos na armadilha de nosso número não somos realmente livres.

No Eneagrama, cada três tipos formam um grupo. O grupo que abrange os números OITO, NOVE E UM, forma o grupo das pessoas do ventre; os tipos DOIS, TRÊS E QUATRO, o das pessoas do coração; os tipos CINCO, SEIS E SETE, o das pessoas da cabeça. Nota-se, aqui, notável coincidência (sic!), de novo, com os Sinais de cada um de nossos Graus.

A propósito disso, Gurdjieff atribui diferentes "inteligências" à cabeça, ao coração e ao ventre.

Interessante, finalmente, notar que o número nove, em nossos estudos, representa "o ato realizado e sua repercussão permanente. A experiência do passado, semente do futuro".

Estas reflexões têm o escopo de recordar a necessidade do contínuo esforço para desvelar os mistérios. Tudo quanto acima expusemos significou não um desvendamento de algum conhecimento tradicional e esotérico que chegou até nós de forma misteriosa, mas um apontar para a necessidade de usarmos nossos maços e nossos cinzéis, réguas e compassos, para furarmos o granito de nossa ignorância *e de nossos preconceitos* e chegarmos a ponto de nós mesmos onde está a grande recompensa de todo trabalho humano: o EU em toda sua pureza e magnitude.

∴

Notas sobre Astrologia e Maçonaria

No interior dos Templos Maçônicos, notamos doze colunas, dispostas seis ao norte e seis ao sul, representando os doze signos zodiacais, Áries, Touro, Gêmeos, Câncer, Leão, Virgem, do lado norte; Libra, Escorpião, Sagitário, Capricórnio, Aquário e Peixes, no lado sul.

Essas colunas, diz-nos Haendchen[38], não devem ser confundidas com as colunas **B** e **J**, que são de Ordem Coríntia e situam-se à entrada do Templo, e nem com as colunetas do Venerável Mestre, 1º e 2º Vigilantes, respectivamente de Ordens Compósita, Dórica e Coríntia.

Zodíaco é a faixa da esfera celeste pela qual se movem o Sol, a Lua e os planetas. A linha central do zodíaco é a eclíptica, trajetória aparente do Sol em torno da terra. A faixa compreendida sobre ela, de 360º, é dividida em 12 partes, e cada uma corresponde a uma constelação.

Como a eclíptica é inclinada em relação ao equador celeste, o ângulo dessa inclinação varia com o tempo, o que é chamado de obliqüidade da eclíptica. Dessa forma, há 22 séculos, quando Hiparco descobriu esse fenômeno, denominado precessão dos equinócios, o Sol, ao cruzar em março o equador celeste, encontrava-se no signo de Áries, que passou a ser o signo representativo desse mês. O movimento

[38] HAENDCHEN, Raul. *As Doze Colunas*. Revista O Prumo, nº 125, março/abril 99, p. 19.

de precessão dos equinócios, contudo, deslocou os pontos de cruzamento do equador celeste para Peixes, não havendo mais, hoje em dia, correspondência entre o zodíaco real e o representado nos "horóscopos"[39].

Alguns astrólogos defendem que atualmente se deva fazer a "correção" dos signos, enquanto que outros são pela manutenção do zodíaco tradicional, alegando ser ele mais simbólico que real. Tais posições derivam do enfoque que se adote.

A astrologia tradicional, nos ensina Teixeira de Freitas[40], foi desenvolvida, principalmente, a partir do trabalho do astrólogo francês Jean Baptiste Motina de Villefranche (1583-1656), que serviu ao cardeal de Richelieu e à corte francesa de sua época. Posteriormente, duzentos anos mais tarde, uma nova vertente do pensamento astrológico se desenvolveu a partir da Teosofia, movimento político e espiritualista iniciado em fins do século passado por Helena Petrovna Blavatski, influenciando significativamente o trabalho atual da astrologia através de nomes como Annie Besant e Alice Bailey.

Tanto a posição de Villefranche quanto a visão teosófica, baseada no carma, são fortemente deterministas, deixando ao homem pouca possibilidade de interferir com seu "destino", já que este ou é obra dos deuses ou é resultado dos pecados de vidas passadas.

Com o trabalho do pintor, músico, escritor e astrólogo norte-americano Dane Rhudyar, a astrologia do século XX, a partir dos anos trinta, vem alternando esse enfoque determinista. Em lugar de uma astrologia "*centrada nos ventos, Rhudyar propôs uma centrada na pessoa*", que chamou de astrologia humanística. Entendendo que as ações das pessoas refletem necessidades profundamente arraigadas nelas, mesmo que inconscientes, propunha uma astrologia que visasse descobrir essas razões do agir humano, permitindo a possibilidade de escolhas mais conscientes.

---

[39] ENCICLOPÉDIA BARSA.

[40] TEIXEIRA DE FREITAS, Luiz C. *O Simbolismo Astrológico e a Psique Humana*. S. Paulo: Círculo do Livro, s/d.

Com essa perspectiva, do ponto de vista desse autor "destino" passou a ser visto como uma possibilidade predefinida dentro da própria pessoa, vindo a manifestar-se pela seleção, inconsciente, que essa pessoa faz dos eventos ou objetos no mundo fenomênico.

Dentro dessa visão, não há signos bons ou maus, mais fáceis ou mais difíceis. Cada signo é apenas o indicativo de um dos caminhos – estilos, poderíamos dizer – através dos quais a pessoa busca a sua totalidade, a sua individuação.

A astrologia passa assim a ser vista como simbolizando os impulsos inconscientes do comportamento emocional, representando-os nas várias constelações. Por isso, em seus primórdios, a astrologia só "aceitava" cinco planetas, depois sete e posteriormente dez, dependendo assim da evolução do conhecimento humano.

Adotando essa perspectiva simbólica, para Teixeira de Freitas o Sol representa o centro da consciência humana, o Ego, representando o impulso de auto-realização, cujo objetivo é integrar harmoniosamente as várias partes do psiquismo. A Lua, simbolizando o lado feminino, representa a vivência emocional instintiva, com a qual a vivência consciente se combina para permitir a totalidade do psiquismo.

Os doze signos, portanto, são caminhos da vida psíquica e simbolizam, arquetipicamente[41], as possibilidades tanto do indivíduo quanto da coletividade.

O número doze se apresenta, também, sob outras formas: no número de apóstolos, de filhos de Jacó, de tribos de Israel, de trabalhos de Hércules. Também está representado na figura da abeta sobre o avental e da pirâmide sobre o cubo.

Tomados na sua totalidade, ainda segundo Teixeira de Freitas, os signos podem ser vistos como uma espiral evolutiva de três ciclos de quatro signos cada, representando o ciclo completo do amadurecimento humano: Áries, símbolo cardeal de fogo, positivo, iniciando o

---

[41] Arquétipos são disposições estruturais existentes nos estratos mais profundos do inconsciente humano e compartilhados pela espécie humana como um todo, embora se manifestando de forma individualizada.

impulso da vida que surge do inconsciente indiferenciado no início da primavera no hemisfério norte (equinócio vernal); impulso que tem que ser contido e direcionado pela praticidade de Touro, para poder explorar o mundo exterior com a velocidade e superficialidade de Gêmeos até consolidar possessivamente, em Câncer, as informações assim obtidas. Com isso se cumpre o primeiro ciclo.

Em Leão, a intuição se acentua, marcando mais a autoconsciência, que produz em Virgem uma maior capacidade de discriminação e crítica, exigindo um equilíbrio, em Balança, que integre o outro em si mesmo, o que faz com que se inicie um recesso emocional profundo, em Escorpião, preparando a morte do Ego no inverno que se prenunciava nesse outono. Cumpre-se o segundo ciclo.

Saindo de si em busca de princípios coletivos mais universais, em Sagitário, há maior inclinação à comunidade e à fraternidade. Mas o que foi adquirido é posto à prova, exigindo a perseverança e a paciência em Capricórnio. Todas as experiências do coletivo, intelectualmente analisadas em Aquário, devem finalmente se integrar aos traços da personalidade individual, o que exige profundo sentimento, em Peixes. E tudo recomeça em um nível superior. Podemos relacionar esses ciclos aos três Graus da Maçonaria Simbólica, visando o desenvolvimento da Intuição, da Análise e da Síntese, como ensina Castellani[42].

Por esse prisma podemos entender os quatro animais do Evangelho de Mateus: águia, boi, leão e homem, como sendo a representação das quatro funções básicas do processo de individuação: intuição (fogo); sensação (terra); pensamento (ar) e sentimento (água).

Temos a mesma representação no enigma clássico da Esfinge de Gisé que interpelou Édipo na peça de Sófocles. Como coloca muito bem Jorge Adoum[43] – embora com conotação mais mística que simbólica – quem domina esses "elementais" torna-se senhor de si mesmo.

Quem não o faz, será "devorado".

---

[42] CASTELLANI, José. *Fragmentos da Pedra Bruta*. Londrina: Ed. "A TROLHA", 1999.

[43] ADOUM, Jorge. *As chaves do Reino Interno*. São Paulo: Ed. O Pensamento, 1995.

Cadeia de União

O Irm∴ Sócrates apresentou recentemente excelente trabalho sobre Cadeia de União. Seu estudo versou sobre os aspectos simbólicos da mesma, tal como as várias interpretações do Dossel. O que pretendemos aqui, é aprofundar a abordagem simbólica dessa que é, sem dúvida, uma prática muito generalizada das Lojas Maçônicas.

Criada para a transmissão da Palavra Semestral e encerramento dos Banquetes, acabou se tornando instrumento de união afetiva e de sintonização espiritual entre os Irmãos de muitas Lojas, pelo que seu estudo merece atenção, já que é um fato social instituído.

DO PONTO DE VISTA DA FÉ

Mesmo de um ponto de vista não religioso no sentido ortodoxo, o magnetismo é prática antiqüíssima e a aplicação das energias para obter resultados físicos também.

Mesmo a fé religiosa tradicional também se fundamenta, em sua prática, na crença desse magnetismo. Cite-se como exemplo a imposição das mãos, que é prática corrente desde os inícios do cristianismo, inclusive mencionada inúmeras vezes nas Escrituras, tanto no Velho quanto no Novo Testamentos. Impõem-se as mãos para abençoar; os apóstolos impunham as mãos para curar; os bispos impõem as mãos para transmitir o carisma (na sagração de um novo sacerdote), etc.

Nos sacramentos há sempre uma fórmula tríplice, seja na Igreja moderna seja nos antigos rituais mágicos e místicos: o gesto, a palavra e a fé. Assim Cristo *impunha as mãos* e *repetia*: vá, a tua *fé* te salvou. As bênçãos de objetos e amuletos também obedecem ao mesmo ritual, contendo sempre esses três elementos: gestos, palavras e fé.

A fé, definida aqui como confiança ou atitude mental positiva em relação ao que se pretende atingir, é o elemento onipresente nas práticas ritualísticas.

DO PONTO DE VISTA DOS FATOS

Qualquer observador atento pode notar que nossas atitudes são reforçadas por palavras. Nossas práticas sempre se justificam por um discurso.

A palavra, o verbo, para as filosofias iniciáticas, inclusive a maçônica, é de fundamental importância. Veja-se que nosso conhecimento do mundo e nossa reação ao mesmo são mediados pelos conceitos. Pensar positiva ou negativamente altera visivelmente nosso humor. Uma guloseima nos causará asco se a consideramos "porcaria". A prática dos chineses de comer ratos e insetos nos dá nojo apenas porque nosso condicionamento cultural é diferente. Nossa "certeza" de que nossa religião é a única correta se apóia apenas no fato de que fomos educados para acreditar assim e não de forma diferente.

Além disso, sabemos que a energia é transmissível. Uri Geller entorta talheres e faz andar relógios em público. Há pessoas que conseguem ver através de paredes forradas com chumbo, como se demonstra em insuspeitáveis laboratórios de parapsicologia. As emoções, sabem os médicos, nos causam úlceras e enfarto... e também curam. Não são desconsideráveis as pesquisas que indicam a relação estreita entre as imagens mentais que são alimentadas por anos pelas pessoas e o desenvolvimento de doenças, notadamente o câncer.

Os testes feitos com hipnose demonstram à larga o poder do

condicionamento mental. Há inúmeras pesquisas médicas sérias demonstrando o quanto há de poder na oração.

DO PONTO DE VISTA DA CIÊNCIA

Além da transmissão da Palavra Semestral, a Cadeia de União é formulada para auxiliar (se esse for um bom termo) nossos Irmãos em suas dificuldades. Assim, pede-se pela saúde e pela paz de alguém e invocam-se as bênçãos do G.·. A.·. D.·. U.·. para os que amamos.

Que valor tem essa prática? Será apenas resquício indesejável em nossa Ordem da influência do misticismo medieval ou da Igreja? Aparentemente não é apenas isso, e há fatos que sustentam esse argumento.

Já nos referimos aos fatos do cotidiano que nos mostram a existência da energia e a possibilidade de canalizá-la. Já nos referimos também à tradição mágica, mística e religiosa sobre a fé na imposição das mãos e na possibilidade de transmitir energia, dons e carismas.

Mas o que nos diz a ciência?

Fritjof Capra, físico de renome mundial, em *O Ponto de Mutação*[44], faz a crítica da concepção newtoniana da ciência moderna, que já havia iniciado em *O Tao da Física*, procurando apontar alguns de seus equívocos. Nossas concepções de espaço, tempo, mente e matéria como campos separados e regidos por leis mecânicas, são profundamente abaladas pela demonstração de novos avanços da Física.

Aliás, bem antes dele um estudioso acima de qualquer suspeita, Albert Einstein, já havia demonstrado matematicamente a relatividade do tempo e do espaço.

A moderna Teoria Sistêmica, de um ponto de vista holístico, vem acumulando provas sobre a falsidade de nossos conceitos lineares a respeito desses campos e vem, também, demonstrando a coexistência e a simultaneidade de todos os eventos. Carl Jung, o pai da

[44] CAPRA, Fritjof. *O Ponto de Mutação*. São Paulo: Ed. Cultrix, 1983.

Psicologia Analítica, estudou os fenômenos tidos como "coincidência" e aceitou que eles não são apenas frutos de um acaso. Chamou a esse fenômeno de sincronicidade.

Rupert Sheldrake[45], biólogo, em *A New Science of Life*, estuda o que denominou de "causação" isso é, a possibilidade de comunicação através do espaço sem meios físicos aparentes. Ficou bastante conhecida sua experiência com a *Teoria do Centésimo Macaco*. Um grupo de estudiosos jogava batata doce numa pequena ilha do Japão, habitada apenas por uma tribo de macacos, para estudar a reação de seus hábitos alimentares em face de um elemento desconhecido. Um dia uma macaca aprendeu a lavar a batata doce e foi, com o tempo, imitada pelos demais macacos. O inesperado da experiência foi a descoberta, totalmente acidental, de que numa ilha dos arredores, sem comunicação com essa, os macacos passaram também a lavar os alimentos (eles não haviam recebido as batatas doces) sem que ninguém os tivesse ensinado, hábito totalmente estranho, até então, a esses animais.

Não bastassem todas essas evidências, da ciência física às humanas, temos, ainda, a moderna descoberta do holograma. Após ela, não mais se pode conceber a realidade como um conjunto de partes independentes ou separadas, mas temos que pensar em uma unidade em íntima relação, na qual cada parte contém o todo tanto quanto o todo contém cada parte.

A partir dessa descoberta e de suas implicações, a tradicional concepção iniciática do UM conter o TRÊS e de o TRÊS ser UM não é mais questão de "crença" ou de "crendice", mas uma realidade com fundamento científico. Dessa forma, já não podemos mais nos conceber como seres separados física e mentalmente, mas temos que aprender a nos vermos como partículas de um único todo, em contínua relação e interferência.

---

45 KOESTLER, Arthur. *Jano – uma sinopse*. São Paulo: Ed. Melhoramentos, 1981.

DO PONTO DE VISTA DA TÉCNICA

A Cadeia de União, além de constituir-se prática defensável enquanto instrumento de fé e de concentração/transmissão de energias, tanto pelos fatos quanto pela ciência, também apresenta a triplicidade de elementos que apontamos no início: nos unimos pela palavra, que materializa no cósmico as nossas mais puras intenções; realizamos o gesto, na formação da bateria de energia, onde os pés em esquadria simbolizam a retidão de propósitos, a mão direita que dá se une à esquerda que recebe, o lado da intuição (Yin) se sobrepõe ao da pura racionalidade (Yang). O terceiro elemento, a fé, é o que pretendemos reforçar ainda mais aqui, com esta reflexão.

∴

PARTE IV

Colocando as Pedras dos Graus

Conhece-te a Ti Mesmo

Sócrates, o notável filósofo, ao cunhar essa máxima que atravessou os milênios até nós, sintetizou nela uma lição cuja profundidade e extensão nossas análises não esgotam nunca.

O Rabi de Nazaré, o mais profundo conhecedor da alma humana, na mesma linha de raciocínio ensinava que ninguém pode amar a Deus, a quem não vê, se não ama o próximo, a quem vê. Mas como se pode amar ao próximo? Nem mais e nem menos do que como se ama a si mesmo.

A máxima socrática ainda hoje é tratada como se não expressasse mais que o óbvio. A lição de Jesus, quando não é considerada um deslize de egoísmo, é lida nos textos como se tratasse de uma banalidade.

Essas lições são maravilhosamente semelhantes porque extraem suas seivas da mesma verdade. Só uma coisa vale realmente a pena: conhecer-se a si mesmo.

Creio que não é por demais ousado dizer que a busca da autoconsciência é a única finalidade da Vida.

Mas não estamos nós, na Maçonaria, o tempo todo nos referindo ao outro, à necessidade de conhecer ao outro, à necessidade de respeitar a individualidade e a diferença do outro? É verdade, como também é verdade que só reconheço ao outro se sou capaz de reconhecer a mim mesmo como um outro; que só compreendo a necessidade do outro, se compreendo a minha necessidade; que só respeito a individualidade e a diferença do outro, se respeito às minhas próprias.

Mais: ninguém consegue dar o que não tem. Se eu reconheço em mim afetos e desafetos, necessidades e angústias, sou capaz de reconhecê-los no próximo. Se não os reconheço em mim, como posso reconhecê-los no outro?

Daí o paradoxo insolúvel que tem atormentado gerações: "Eu queria tanto compreender minha esposa, meu marido, meus filhos". "Por que *o outro* é assim?".

E o problema ainda mais difícil, derivado imediatamente desse: "Por que *você* não muda?", "por que *você* não é diferente?".

TUDO passa por conhecer-se a si mesmo. Somos seres em relação e, por isso, trazemos em nós, genética e culturalmente, em graus variados, a espécie, os antepassados próximos e distantes, e um pouco de cada convivência, desde a escola primária até a hora da morte. Apenas em mim mesmo, contudo, sou capaz de *reconhecer* – palavra que quer dizer conhecer de novo – esse SER, que é tanto parte de mim quanto do outro, e que *só em mim* é visível e sensível.

Decorre necessariamente daí que se mudarmos nosso problema, e o formularmos na primeira pessoa do singular: "Por que EU sou assim? Por que EU não consigo mudar? Por que EU estou me sentindo assim – triste, com raiva, angustiado, com medo?", então estaremos formulando um problema capaz de ser resolvido.

Difícil? Extremamente! É tarefa que tomará toda nossa vida. Mas não tenhamos pressa e nem angústias desnecessárias, pois essa é a nossa ÚNICA tarefa. O resto é maya.

Desbastando a Pedra Bruta[46]

HÁ COISAS QUE NOS ATINGEM E SOBRE AS QUAIS NÃO TEMOS CONTROLE

Viver é uma coisa coletiva. Por mais que nos esforcemos, o "mundo lá de fora" invade nossas vidas e nos deixa sem controle sobre a maior parte das coisas. É o trabalho; a escola dos filhos; as despesas; os problemas de saúde; são os amigos e os parentes; às vezes os vizinhos; todas essas coisas e pessoas interferem em nossos planos e mudam nossos projetos, alteram nossos sonhos, e muitas vezes ferem nossos sentimentos de maneiras as mais variadas. Muitas de nossas tristezas vêm de forma inesperada; a maioria das nossas alegrias também.

Passar da adolescência para a vida adulta é, entre outras coisas, aprender que a vida que pensávamos fazer "segundo nossos planos" tem a mania de acontecer quase sempre de forma diferente.

A TEORIA DO A B C

Se nos perguntarmos o que é que *principalmente* nos diferencia de outras formas de vida – animais e vegetais –, sem dúvida responderíamos que é o sentimento. Tristeza, alegria, raiva, medo... são essas

[46] Texto baseado no livro *Construindo a Relação de Ajuda*, de Clara Feldman de Miranda e Márcio Lúcio de Miranda, editora Crescer, 1983, pág. 104ss.

coisas que fazem da vida uma vida *humana*. De outra forma, os acontecimentos não seriam para nós diferentes do que são para uma pedra, por exemplo.

Albert Ellis é um psicólogo americano que desenvolveu uma teoria interessante: a Psicoterapia Racional-Emotiva, que diz que *"o que importa não são os fatos, mas como nós nos sentimos diante deles"*. Nos diz ele (e é verdade!) que *um mesmo fato pode produzir reações diferentes em pessoas diferentes*, assim como *um fato pode produzir reações diferentes na mesma pessoa em duas situações diferentes*. Todos podemos nos lembrar de situações como essas.

Tomemos um exemplo. Nosso filho chega em casa e nos diz: *"Um menino pegou a minha bola e eu dei um chute nele"*. Parece que há *uma causa* (**a**): *"Um menino pegou a minha bola"* e *uma conseqüência* (**c**): *"E eu dei um chute nele"*. Mas o menino poderia ter pego a bola e nosso filho **não** ter dado um chute nele, não é mesmo? Então, pensou Ellis, entre um *acontecimento* (**a**) e uma *conseqüência* (**c**) existe algo mais: um *sentimento* (que ele chama de **b** – *belief* – "*crença*" no original).

Então a coisa não se passou como pareceu à primeira vista:

a → c

acontecimento – conseqüência

O que ocorreu foi:

a → b → c

acontecimento – sentimento – conseqüência

A informação completa de fato seria: *"Um menino pegou a minha bola [eu fiquei com raiva] e dei um chute nele"*. Havia um fator *oculto* na explicação do ocorrido, embora ele não fosse consciente.

A compreensão desse fenômeno é muito importante e a primeira lição que tiramos daí é que, ***mesmo que não possamos mudar um fato, podemos mudar nosso sentimento em relação a ele... e com isso as conseqüências também poderão mudar.***

MAS A BALANÇA TEM DOIS PRATOS: CRENÇA/SENTIMENTO

O termo do meio – **b** – é na verdade uma balança com dois pratos: sentimento *e* crença.

Tomemos um exemplo comum: quando alguém fala mal de minha religião (se eu tiver uma), eu fico com tanta raiva quanto esse alguém ficaria se eu falasse mal da dele (se ele também tiver uma). Isso não acontece porque minha religião é certa e a dele errada, ou vice-versa; isso acontece porque tanto eu quanto ele *aprendemos a crer* que nossas religiões são certas. Essa é a segunda lição que tiramos daquela teoria do **a** → **b** → **c** do Albert Ellis. ***Nossos sentimentos são, na verdade, aprendidos e apreendidos durante nossa vida, especialmente na fase em que nossas defesas (a fase em que ainda não sabemos julgar por nós mesmos) ainda são muito fracas: a infância.***

Nós *aprendemos* coisas *diretamente* com a nossa experiência de vida e através das pessoas que nos são significativas. Dessa forma, quando caímos da escada, queimamos a mão na chaleira ou levamos um choque na tomada, estamos aprendendo. Quando uma pessoa nos ensina a fazer um carrinho, um estilingue ou uma pipa, também estamos aprendendo.

Mas também *apreendemos* coisas *indiretamente*: quando vemos alguém tentar nos esconder algo – um beijo de namorados, por exemplo – pode ser que *arquivemos* a idéia de que beijar é uma coisa feia; quando pedimos um favor ao pai e ele, ocupado, inconscientemente faz aquela cara de chateação, pode ser que *arquivemos* a idéia de que não somos bem-vindos; quando tentamos contar à mãe o que nos ocorreu na escola, tropeçando nas palavras de tanta excitação, e ela nos diz aquele "*fala logo menino, não vê que estou ocupada?*", pode ser que *arquivemos* a idéia de que não somos amados.

Assim, seriam as idéias que as pessoas têm das coisas, e não as próprias coisas, que as levariam a experimentar sentimentos diversos.[47]

---

[47] p. 106.

É claro que nem toda conclusão que tiramos de nossas experiências é irracional. Quando eu meto o dedo na tomada e levo um choque, e concluo que tomada dá choque, minha conclusão é bem racional. É uma interpretação lógica dos eventos e, mesmo que produzam sentimentos (raiva, frustração, tristeza, etc.), esses sentimentos são "normais", isto é, não causam danos muito desastrosos em minha vida.

Agora, quando minhas conclusões são emocionais, elas podem conduzir a conseqüências desagradáveis e desgastantes, capazes de produzir graves distúrbios de sentimento e de comportamento.

Esses distúrbios podem ser encontrados nos sentimentos de **ansiedade, culpa, autocensura,** fazendo com que:

1. **Sintamos necessidade de** sermos amados por **todas** as pessoas.
2. **Desejemos** ser bem-sucedidos em **tudo** que fazemos.
3. **Achemos terrível** que as coisas não sejam **exatamente** como gostaríamos que fossem... e assim por diante (grifos meus)[48].

O objetivo da reflexão, da auto-análise, da terapia, e de outras formas de busca de mudança, é identificar, questionar e eliminar essas e outras idéias irracionais que impedem as pessoas de viverem uma vida satisfatória e feliz. Quando discutimos nossos sentimentos com outras pessoas (que também têm seus sentimentos), a tarefa fica bem mais fácil.

COMO AS CRIANÇAS EXPRESSAM E DESAPRENDEM SEUS SENTIMENTOS

Jesus disse que se não voltarmos a ser crianças, dificilmente entraremos no Reino dos Céus. Mesmo que não sejamos religiosos, essa é uma profunda verdade. A criança goza de uma pureza e de uma liberdade invejáveis.

Um dia desses eu lia nos jornais que uma Diretora de Escola

[48] p. 107.

nos Estados Unidos suspendeu por uma semana um menino de seis anos que beijou no rosto uma coleguinha de turma. Motivo: assédio sexual! É assim que nós, adultos, ensinamos as crianças a terem sentimentos *"adultos"*.

A criança pequena é inteiramente livre para sentir e para expressar seus sentimentos, puros e livres de quaisquer interferências. *"Livre também é sua expressão: ela chora, ri, repete o que lhe dá prazer e rejeita o que não dá. Mais tarde, quando já faz uso da palavra, diz abertamente o que sente, de uma maneira tão direta e verdadeira, que chega a embaraçar os adultos."*[49]

Mas muito cedo, também, a criança começa a ser podada em seus sentimentos. É uma repreensão aqui, uma agressão ali, um levantar de sobrancelhas, um franzir de testa, uma palavra mais azeda e... pronto: a criança já começa a aprender que o importante não é sentir, mas obedecer.

Agora, a *sociedade* já lhe está sendo apresentada. A criança aprende e apreende que *tem que seguir* regras e padrões para que seja uma pessoa *"adequada"*. Também aprende que a regra mais fundamental da sociedade em que ela está inserida é mentir: mentir escondendo o que sente, calando o que quer falar, fazendo o que não deseja. Podemos nós mesmos aumentar essa listinha por algumas páginas mais.

A criança vai aprendendo a *reprimir* e a *camuflar* seus sentimentos em função dos **'valores'** que o meio social atribui aos *papéis sociais* e às *coisas* que lhe vão sendo impostas: assim, ela aprende que *"homem que é homem não chora"; "lugar de mulher é na cozinha"; "menina não brinca com bola"; "homem não leva desaforo para casa";* etc. Com isso, aprende que existem papéis de homens e papéis de mulheres. Aprende, também, que há sentimentos de homens e outros de mulheres. Aprende que homem não pode ter medo e que mulher não pode ganhar mais do que homem. E aprende... e aprende... e aprende...

E quanto aos valores? Quem ainda não viu uma criança ouvir,

---

[49] p. 107.

depois de quebrar um vaso: *"Você sabe quanto custou isso?"*; ou, depois de chegar com um mau resultado da escola: *"Você sabe o sacrifício que eu faço para que você estude?"*; ou, ainda: *"Eu me mato de trabalhar para que você* ***isto*** *ou* ***aquilo****?"*. Com isso, a criança também aprende que ela vale bem menos do que os objetos (já percebeu que "caro" é usado como sinônimo de "querido"?) e sabe menos do que as outras pessoas que, afinal, *são grandes e não erram nunca*, não é mesmo?

E *"...a criança vai se encolhendo pouco a pouco, reprimindo suas emoções. No início, temerosa de não ser aceita, depois até culpada por estar sentindo, acaba tão impossibilitada de ser ela mesma quanto os adultos que estão à sua volta"*.[50] Isso é importante de ser repetido: *tão impossibilitada de ser ela mesma quanto os adultos que estão à sua volta*!

Quando reprimimos nossas emoções, elas não desaparecem simplesmente no ar. Permanecem dentro de nós, em algum lugar, criando medos, insatisfações e dúvidas, que nem mesmo sabemos de onde vêm. Quando tudo parece perfeito, continuamos insatisfeitos sem saber o porquê. Outras vezes é o corpo que reflete nossos sentimentos reprimidos: dores inexplicáveis, insônia, falta de apetite e até aquela dorzinha meio generalizada. Quando não é a crise maior: o casamento desfeito, o emprego abandonado, a alienação mental.

AUTOCONHECIMENTO COMO CONDIÇÃO PARA DESBASTAR A PEDRA BRUTA

Buscar o autoconhecimento não é mais do que buscar a compreensão de nossas potencialidades, limites e... sentimentos.

"Quando me observo e me escuto, posso perguntar-me: o que estou sentindo neste momento? De onde vem este meu sentimento? O que quero? O que não quero? O que é importante para mim?".[51] Em relação aos

[50] p. 108.
[51] p. 109.

meus relacionamentos, posso também me perguntar: por que fiquei com esta raiva? O que me levou a agir desta maneira? Por que disse isso a ele (ou a ela)? Será que disse ou agi assim porque estou com raiva? Desapontado? Envergonhado? Será que estou fazendo o que quero ou o que acho que esperam que eu faça?

Segundo John Powell, *"meus sentimentos não se dividem em certos e errados; eles simplesmente existem. (...) Posso mudar minhas emoções. (...) Conhecendo-as e descobrindo sua fonte, posso decidir trocá-las por outras que não sejam tão destrutivas para minha própria pessoa. (...)".*[52] E para as demais.

Essa é uma importante condição para se desbastar a pedra bruta. Afinal, apenas pela razão não conseguiremos jamais *"subjugar nossas paixões e submeter nossas vontades"*. Ao maço temos que juntar o cinzel, para que a brutalidade da força seja guiada pela delicadeza dos sentimentos e a obra *brotada de nós* se chame **BELEZA.**

∴

[52] p. 110.

Para que nos Reunimos Aqui?

P – Para que nos reunimos aqui, Irm∴ Primeiro Vigilante?

R – Para combater a tirania, a ignorância, os preconceitos e os erros; [para] glorificar o Direito, a Justiça e a Verdade, levantando templos à Virtude e cavando masmorras ao vício.

Esta é a pergunta que nos repetimos eternamente, a cada vez que nos reunimos. Por que o fazemos? Para que nos recordemos sempre dos ideais a que juramos lealdade. Mas também para que nos sirva simultaneamente como exame de consciência e impulso ao constante crescimento.

Essa é a resposta que deveríamos dar à pergunta: *por que você se tornou Maçom?*

Toda a literatura maçônica trata, em essência, desse tema. Aliás, não poderia ser diferente, já que podemos dizer que *O* objetivo da Maçonaria está aí contido.

Tomando como amostra apenas uma publicação, a Revista O Prumo, que está a meu lado, podemos encontrar essa mesma resposta, dada de mil formas diferentes, em artigos, entrevistas e depoimentos os mais diversos.

Vejamos:

Pela amostragem da sociedade atual, é difícil traçar um perfil ideal, já que o homem é produto do meio, e o meio social, hoje, está esgarçado, graças ao desprezo pelos padrões morais e éticos, o qual cresce em progressão geométrica. Todavia, a construção de um Maçom de rígidos princípios morais e éticos pode ser engendrada desde que ele é proposto à Iniciação Maçônica, através de pesquisa profunda de sua vida e de sua atuação social e através de contatos e conversas informais, onde ele possa ser melhor aquilatado. O seu aperfeiçoamento posterior vai depender, e muito, da Loja e de seus mentores (Irm∴ Castellani, p. 5).

A Maçonaria brasileira precisa estar consciente da grave crise a que está submetida a humanidade e deve propor o seu próprio projeto ético.

O homem Maçom deve compreender que faz parte de um importante meio alternativo de sociabilidade. Nesta sociabilidade deve defender uma concepção ética do homem que afeta a sua natureza e a sua finalidade.

Deve buscar a resposta na própria essência ética e relativista da Instituição, que admite nos seus Quadros homens que professam diversos credos, se reúnem sob um Ritual próprio, onde é invocada a presença de Deus (Irm∴ Frederico, p. 5-6).

Nós sabemos quais são os ensinamentos dos Mestres. E, com esses ensinamentos, caríssimos Irmãos, podemos perceber que o mundo, nesta nova fase de sua história, está no ponto da aglutinação dos grandes princípios geradores da paz. Somos privilegiados em poder participar desta fase de transformação, porque a Maçonaria possui em sua essência o amor.

(...) Sabemos que muitos lutam apenas para Ter. Outros entenderam a futilidade deste processo e partiram em direção ao Ser.

Permita o Grande Arquiteto do Universo estejamos em direção ao Ser (Irm∴ Pedro, p. 11).

O Maçom tem o direito inalienável de investigação, direito esse que não deve parar, em atitude servil, diante do argumento de autoridade (Irm∴ José Wilson, p. 13).

Em verdade, até a presente data, uma grande parte dos Maçons brasileiros não quer entender que a principal finalidade da Maçonaria é tão-somente político-social e de auto-aprimoramento espiritual, e que somos construtores sociais praticando o culto ao Grande Arquiteto do Universo, o amor à humanidade, trabalhando para que tenhamos no futuro uma sociedade humana com paz, justiça e fraternidade. Não temos como fugir a esse destino (Irm.·. Spoladore, p. 24).

Há necessidade de que façamos uma reformulação em nossos ideais e nossos objetivos. É preciso que encaremos, de frente, não apenas os problemas que vêm afligindo os homens de bem, como também dar um basta nas injustiças que são cometidas por aqueles que detêm o poder em suas mãos (Irm.·. José Vicente, p. 29).

Precisamos de coragem e pertinácia nessa grande luta. A nossa omissão nos levará a rasgar a tradição de libertadores de povos infelizes, de proclamadores de independências, derrubadas de bastilhas, de subscritores da Carta dos Direitos Humanos e tantas outras ações que estão escritas na História Universal.

Demonstremos que crescemos espiritualmente, agindo e não dormindo nas entranhas de nossos Templos, sonhando com a vida eterna e feliz que as religiões oferecem (Irm.·. Cruz e Souza, p. 33).

É preciso, portanto, resgatar a fraternidade, esse nem sempre fácil sentimento, que para o Maçom deve ser um meio e um fim. Um meio de engrandecimento espiritual e um fim a justificar a sua própria passagem pela vida.

A fraternidade, em maior ou menor grau, agoniza em quase todas as Lojas, porque os Maçons estão cada vez mais Profanos. Se a liberdade e a igualdade já não precisam mais de nossos esforços, porque estão asseguradas e garantidas pelas constituições, pelos códigos e pelas leis, a fraternidade continuará a depender de cada um de nós. Nenhuma lei poderá, jamais, impor e assegurar a prática da fraternidade, sentimento que só pode sobreviver na mente sadia e no coração generoso do verdadeiro Maçom (Irm.·. Ubaldo, p. 40 – grifo no original).

Por que nos reunimos aqui? E mais precisa ser dito?

.·.

Grau de Companheiro

Se encararmos os vários Graus do ponto de vista de nosso amadurecimento psicossocial, teremos que o Grau de Aprendiz é o tempo que empregamos para nos libertamos de nossas paixões mais grosseiras, fruto de nossa ignorância, respondendo, através do estudo e da observação silenciosa, à questão: DONDE VIEMOS?

No segundo Grau, o Companheiro tem que empregar seus cinco sentidos – suas cinco faculdades – para responder à questão: QUEM SOMOS? Neste Grau, como se depreende dos seus passos, é necessário ousar por si mesmo, confiando no uso dos métodos aprendidos quando Aprendiz.

Os Maçons Operativos, construtores de Templos materiais, deviam, entre outras formas de aprendizado, viajar a serviço de vários Mestres em busca do aperfeiçoamento profissional. Para tanto, eram das poucas categorias a gozar da liberdade de ir e vir, o que, aliás, pode ter se constituído em um dos atrativos para os futuros Maçons aceitos. Ainda hoje, os Compagnons[53], organização tradicional que congrega artesãos do mais alto quilate – poderíamos dizer que continuam Maçons operativos – exige de seus Aprendizes várias viagens de estudo por várias Oficinas espalhadas pela França, durante cinco anos, até que possam apresentar seu trabalho de Mestrado (sua obra-prima) para avaliação.

---

[53] Ver cap. *O ciclo do tempo*, p. 94 deste volume.

Para expressar esses anos de estudo e aperfeiçoamento em busca do conhecimento, é que o Companheiro faz suas viagens simbólicas. Como na Antigüidade, porta seus instrumentos de trabalho, não mais para tarefas materiais, mas como símbolos que expressam as tarefas espirituais que deverá empreender em sua senda. Sendo o homem um "animal simbólico", temos necessidade de materializar nossas idéias a fim de melhor gravá-las e compreendê-las.

Neste Grau, é pelo uso dos cinco sentidos que se dará o aprendizado, isto é, devemos aprender na relação direta com o mundo. São esses cinco sentidos – cinco faculdades – que se expressam na estrela de cinco pontas, alegoria do Grau. É um Grau de procura de si mesmo através das relações, em busca da quintessência, que só se encontra no mais íntimo do ser.

Em cada uma dessas viagens levamos instrumentos que simbolicamente expressam o que devemos alcançar (produzir) com o trabalho que faremos nessa viagem.

Na primeira viagem levamos o Maço e o Cinzel. Eles representam a vontade e o livre-arbítrio. Se pudermos imaginar o antigo artesão, ajoelhado sobre a pedra, usando esses instrumentos, podemos "ver" como ele emprega a força, com a devida medida, canalizando-a através do cinzel, que emprega com arte para talhar exatamente segundo seu projeto.

Assim, o Maço e Cinzel, para nós, simbolizam Ciência e Sabedoria, isto é, o conhecimento verdadeiro e o equilíbrio na aplicação desse conhecimento. Um dos motivos do desequilíbrio do mundo atual está exatamente no uso indevido e inclusive abusivo do conhecimento por parte de profissionais altamente habilitados, mas destituídos de moralidade.

Na segunda viagem, levamos a Régua e o Compasso. A Régua traça a linha reta, isto é, indica a retidão, enquanto que o Compasso traça o limite das nossas possibilidades. Dessa forma, simboliza para nós a Justiça e Consciência. A justiça é fundamental nas relações tanto naturais quanto humanas, mas sem consciência pode produzir privilégios que acabam por se tornar o seu oposto.

Na terceira viagem, acrescentamos a Alavanca e nossos instrumentos. Ela significa a potência que obtemos quando utilizamos um ponto de apoio apropriado. Dessa forma, a Alavanca simboliza para nós o Auxilio Divino, sem o qual qualquer busca que empreendemos está destinada ao fracasso.

Na quarta viagem, à Régua acrescemos o Esquadro. Se a Régua traça os caminhos retos, o Esquadro nos permite traçar os ângulos retos. Assim, unidos, simbolizam a Retidão de nossos Ideais.

Na quinta viagem, já não necessitamos de nenhum instrumento de apoio. Isso significa que, desenvolvidas nossas potências, estamos prontos para o trabalho que nos é requerido. A Espada contra o peito, contudo, nos é um alerta de que as paixões inferiores estão sempre prontas para retornar à casa de onde foram expulsas. Quantas quedas e quantas recaídas nos têm ensinado isso!

É necessário, portanto, mesmo quando já livres de regras e regulamentos, que estejamos sempre alertas para as tentações, que serão tanto maiores quanto mais nos desenvolvemos. Quem ainda não as viveu em seu desenvolvimento?

Quando desenvolvemos nossa quintessência e nos tornamos completos como simbolizado na estrela flamejante, teremos realizado o trabalho que nos foi pedido quando fomos aceitos Companheiros.

∴

Exaltação: A Terceira Iniciação

Há algum tempo, comemoramos um dos mais importantes momentos da vida de uma Loja: a Exaltação de quatro Irmãos. Esse ato é importante sob dois aspectos: o administrativo e o humano. Administrativamente, poder a Loja contar com mais Mestres é poder contar com Irmãos plenamente aptos para todas as funções maçônicas. Humanamente, a Exaltação significa um crisma, isto é, a livre confirmação de um ideal que foi abraçado lá atrás quando, ainda Profanos, adentramos cegos e inseguros, pela primeira vez, no círculo interno da Ordem.

A Maçonaria é uma idéia orgânica, isto é, uma idéia captada, sentida, entendida e vivida no correr dos séculos, objeto de uma compreensão que é sempre parcial e incompleta. Como idéia orgânica, adotá-la significa que iniciamos um processo que deve nos conduzir cada vez mais longe e mais alto, em direção a um modelo de homem que, de antemão, sabemos nunca atingível. É a imagem da escada de Jacó, tão grata a nosso inesquecível Irmão Grumananda[54].

A filosofia maçônica, por ser gradualista, progressiva e esotérica, é necessariamente iniciática; a Iniciação cumpre uma dupla função: por um lado marca, externa e internamente, o momento da passagem de cada fase da nossa vida maçônica; por outro nos recorda constantemente, embora por formas diferentes e cada vez mais profundas, o

[54] Irm∴ Aroldo Frenzel, hoje no Or∴ Eterno.

mito universal da morte e do renascimento. Esse mito, dependendo da abordagem que se adota, tem recebido as mais variadas leituras.

Segundo a interpretação chinesa, de inspiração astronômica, a natureza é morta pelos *três* meses de inverno, ocultando-se sob a neve e ressurgindo ao iniciar-se a primavera. A régua de 24 polegadas representa as 24 horas do dia, pequeno ciclo onde a morte ainda não é fatal mas que já é anunciada. O esquadro, a divisão do zodíaco em quadrantes iguais. O malho, símbolo do círculo, representa o ano, durante o qual a natureza nasce, se desenvolve, declina e morre.

De uma perspectiva antropológica, sabemos que os ritos de passagem vêm sendo praticados há milênios, sempre envolvendo a idéia de morte e ressurreição.

No hermetismo, morte e putrefação são idéias que indicam o surgimento da vida: a idéia da morte do grão de trigo na terra para surgimento da planta é universal. O processo de decomposição da semente, a luta entre a vida e a morte, acaba pela vitória desta última. Mas o germe da vida, que parecia condenado, finalmente brota e ressurge triunfante. A expressão religiosa acabada dessa visão se encontra na crença cristã da morte e ressurreição do Messias.

Uma abordagem psicológica explica a iniciação pelo mito do herói. O desterro do filho, ordenado pelo pai, a sobrevivência daquele, sua volta e, por fim, o assassinato do pai, significa a necessidade do psiquismo de evoluir para além das imposições culturais e axiológicas herdadas, em seu impulso para transformar o mundo e recriar constantemente a vida.

Seja qual for a abordagem, contudo, o eixo central é sempre o mesmo e se coloca como paradigma aos Maçons em geral e aos Mestres em particular. O processo de busca incessante do Maçom se orienta no sentido de ser cada vez mais, orientando-se sempre pelo mesmo eixo embora atingindo níveis cada vez mais altos de perfeição. Esse movimento dialético em que a vida é sempre a mesma ao mesmo tempo em que não o é mais, assim como nós vamos sendo cada vez mais sem deixarmos de ser nós mesmos, é que constitui o mistério inefável que buscamos desvendar através das "ciências" maçônicas.

Ao Mestre cabe desvendar esse mistério não para comunicá-lo, mas para fazer de sua vida um exemplo que atraia outros à sua solução.

Como nos recordou um verdadeiro Mestre, o Irm∴ Ney Lisboa de Miranda[55], na aula que nos concedeu na Cerimônia de Exaltação, um Mestre é diferente de um professor. Professor é o especialista, é o indivíduo que conhece muito do pouco; Mestre é o sábio, aquele que é ciente e consciente da vida e que ilumina com seu exemplo a todos os que o buscam. Irmãos João Pedro, Leonardo, Salomão e Thomas de Aquino: que esse passo que destes adentrando o terceiro e último círculo dos Graus Simbólicos seja o primeiro na senda da iluminação, para o vosso bem e o bem de todos os vossos Irmãos.

Portanto, da maioria dos pontos de vista não causa nenhuma surpresa a Lenda do Terceiro Grau da Maçonaria Simbólica, já que Ritos Iniciáticos representando simbolicamente a morte e a ressurreição são da mais remota Antigüidade. Esses Ritos, apesar das diferenças de formas e detalhes, apresentam a mesma estrutura: a morte para esta vida, a ressurreição para uma vida nova, em busca da luz que oriente o caminho do Iniciado, tendo em vista a eternidade da vida. Podemos mesmo dizer que as expressões *"cavar masmorras aos vícios"* e *"construir templos à Virtude"* são consentâneas com a idéia de morte e ressurreição. O batismo na água, dos primeiros cristãos, não era senão o *"afogamento"* do indivíduo e sua *"salvação"* para uma nova vida.

O nome Hiram-Abi, na verdade, significa *"Hiram, meu pai"*. Ora, o que é o Pai, de um ponto de vista psicológico, senão a Consciência Superior, o que equivale ao *Eu Superior* da perspectiva mística? É exatamente essa Consciência Superior que é *"assassinada"* pelo homem em uma existência inconsciente. A Lenda procura nos dizer como podemos matar e enterrar nosso Eu Superior. Senão, vejamos:

J∴, J∴ e J∴ são nomes que não apresentam tradução. Muitos estudiosos, guiados pela lógica própria da Lenda e pelo contexto da filosofia maçônica, entendem que podemos entendê-los como *Ambição*, *Fanatismo* e *Ignorância*. Esses três vícios, tão próprios do homem,

---

[55] Dep∴ do Grão-Mestre da M∴ R∴ G∴ Loja do Paraná em 2002.

especialmente do homem dito civilizado, ferem de morte os três aspectos elementares do homem: seu aspecto *material*, seu aspecto *afetivo* e seu aspecto *mental*. Podemos dizer que são os três piores defeitos a que a tríplice natureza do homem – *material, emocional e racional* – está sujeita.

Retomemos a Lenda: o primeiro companheiro feriu Hiram-Abi com uma *régua*, atingindo-o na *garganta*. A régua é a expressão do tempo e a garganta é o centro da comunicação, o ponto do equilíbrio entre o dar e o receber, o ponto da relação entre o interior e o exterior. A *ambição* é a perspectiva errada do tempo, no sentido de que é o desejo de antecipar, pela acumulação insana e até injusta, o futuro.

O segundo companheiro o feriu com um *esquadro* no *lado esquerdo do peito*. O esquadro é a expressão simbólica da retidão de comportamento e o peito é o centro do sentimento, o ponto de equilíbrio da afetividade. O *fanatismo* é a mais grave doença do comportamento social, sendo o pai das maiores desgraças que a humanidade tem notícia.

O terceiro companheiro o atingiu com um *maço* na *fronte*. O maço é a expressão simbólica da vontade e a fronte é o centro da *razão*. A *ignorância* é a pior condutora da vontade do Homem, colocando sua ação a serviço do erro. Resumindo: o mau uso dos úteis instrumentos de trabalho (régua, esquadro e maço) pode conduzir à morte do Eu Superior do Homem.

Dialeticamente, contudo, a morte do homem prepara também sua ressurreição no sentido espiritual. Daí que a Lenda é *tanto* uma advertência para as possibilidades de queda do homem *quanto* uma reafirmação de sua exaltação. Passando pelo *Pórtico* da Iniciação, o Candidato à Exaltação, na constante luta pelos perigos da existência – *mosaico* – será orientado pela Luz – *Lâmpada Mística*.

Como ele deverá se guiar nessa caminhada? Utilizando o *compasso*, o *lápis* e o *cordel*, ou seja: *avaliando* com *justiça*, *planejando* com *sabedoria* e *aferindo* seus limites com *prudência*. Só assim seu Eu Superior repousará em definitivo *"o mais próximo do Sanctus Sanctorum"*, isto é, do G∴ A∴ D∴ U∴.

PARTE V

Colocando as Pedras de Adorno

Notas sobre os Séculos XVII/XVIII

Como uma instituição associativa, podemos pensar a existência da Maçonaria desde o século XIV (1356), quando foi solicitado ao Prefeito de Londres, por um grupo de pedreiros, o registro de uma agremiação de trabalhadores livres. A Maçonaria era uma associação de trabalhadores especializados, daí falarmos de sua fase *operativa*.

Somente mais tarde, com o declínio econômico-social desses profissionais da construção, por força do próprio desenvolvimento histórico-econômico, com as transformações que aconteceram em todos os domínios da vida e que nos são bastante conhecidas, políticos e intelectuais começaram a interessar-se por essas associações, de olho, especialmente, no direito de livre trânsito, na liberdade de reunião e na isenção de impostos[56]. A sua aceitação nessas associações profissionais, pela coincidência de interesses tanto dos trabalhadores quanto dos intelectuais, deu origem à fase *especulativa* da Maçonaria.

Em 1600 é aceito o primeiro *Maçom Especulativo*, Lord John Boswel, fazendeiro, sendo lorde apenas no nome. Em 1646 é aceito Elias Ashmole, judeu, alquimista e rosacruz, que, segundo alguns autores, veio a confeccionar os primeiros Rituais[57]. Desde essa época,

---

56 SALOMÃO, L. *Igreja Católica e Maçonaria.* Londrina: Editora Maçônica "A TROLHA" Ltda., 1998, p. 21.

57 Op. cit. p. 24

portanto – século XVII –, a moderna Maçonaria vem sendo plasmada não no éter, mas sob a influência do contexto social, político, econômico e cultural em que se inseria.

De especial interesse é para nós a Maçonaria inglesa, uma vez que foi ela, em 1717, que criou a primeira Obediência, fato que – não pacificamente – veio a marcar a divisão histórica entre a Maçonaria tradicional e a moderna, lançando as bases de todos os movimentos maçônicos atuais, tanto com suas *Potências* quanto com seus cismas.

O que pretendemos neste trabalho é indicar, sem a pretensão de relacioná-los, alguns eventos desse contexto histórico-social, mais no sentido de catálogo do que de análise, arando o terreno para possíveis hipóteses de outros estudos.

O período que vai do século XVII ao início do século XIX é dos mais importantes da história do Ocidente. É a Era do Iluminismo. Também chamada de Idade da Razão, essa época é caracterizada por um clima revolucionário em todos os sentidos – sociais, políticos e culturais. Há a convicção generalizada de que, se a razão fosse aplicada a todos os aspectos da vida humana, a humanidade seria capaz de entender a Natureza e criar uma sociedade perfeita, a *Nova Atlantis*. A razão – e sua filha mais dileta: a ciência – iluminariam a humanidade. Ironicamente esse período de endeusamento da razão terminou entre guerras e revoluções sangrentas.

Baseado nos avanços filosóficos e científicos dos dois séculos anteriores, o Iluminismo, graças às melhorias na educação e no padrão de vida, aliadas à difusão das idéias entre as massas, foi fundando um novo modo de pensar. A difusão de notícias – e idéias – ao nível de massa já dava seus primeiros passos na Inglaterra no século XVII. Em 1621 surgem lá os *corantos*. O primeiro deles é o *The Coranto or News from Italy, Germany, Hungarie, Spaine and France.*

Já em 1650, contudo, sob o pretexto de coibir os abusos dos jornais ingleses, Oliver Cromwell proíbe a circulação dos mesmos, à exceção do *Mercurius Politicus* e do *Public Intelligencer*. A censura política não era novidade na história, mas agora surgia na forma de censura da imprensa.

O primeiro diário do mundo, criado por Elisabeth Mallet na Inglaterra, em 1702, *The Daily Courant*, foi uma tentativa que durou apenas uma semana. Esses tímidos esforços, que deviam esperar a invenção da rotativa, em 1811, capaz de rodar 1.100 folhas por hora, para ter as condições técnicas do grande jornal, já indicavam, contudo, um fato social tanto novo quanto importante: a divulgação massiva de idéias, uma das bases para a moderna democracia.

O entusiasmo gerado pelas novas descobertas científicas, especialmente as de Newton, levava a crer num progresso *linear e crescente* em todas as áreas do conhecimento, tendo especial reflexo na Ética. O Positivismo de Augusto Comte, com sua influência marcante tanto na história nacional brasileira quanto na Maçonaria, é filho exemplar desse entusiasmo.

A maioria dos europeus acreditava haver finalmente se libertado da "antigüidade". Em 1762, Horace Walpole escreveu: "Queimarei todos os meus livros em grego e em latim, pois não passam de histórias de duendes"[58].

No bojo dessa revolução científico-cultural, todas as fontes tradicionais de autoridade passaram a ser contestadas em nome da razão, inclusive a Bíblia, a Igreja e o Estado. Voltaire, é um exemplo de grandes críticas dessas fontes de poder tidas até então como inquestionáveis. Os pensadores de todos os naipes sustentavam uma visão religiosa racionalista, conhecida como *Deísmo*. O ateísmo, contudo, não era comum entre os filósofos iluministas, muitos dos quais viam na religião um freio à volúpia das massas. Os filósofos iluministas achavam que a religião tinha que ser natural, isto é, deveria estar em harmonia com a razão "natural", devendo livrar-se dos dogmas e doutrinas irracionais. Para os *deístas*, Deus teria criado o mundo, mas não teria se revelado sob nenhuma forma sobrenatural. Sua revelação se dava através das leis da natureza.

---

[58] Enciclopédia digital MASTER, 1997.

Em meados de 1760, a Inglaterra tinha o controle da América do Norte e já conquistara o Canadá e grande parte da Índia. Devemos lembrar que em 1665, Londres foi devastada por uma grande epidemia e, já no ano seguinte, um incêndio a destrói quase que totalmente. No século XVIII o capitão James Cook descobriu a costa leste da Austrália e chegou ao Círculo Polar Antártico. O contato com outras culturas influenciou o pensamento europeu profundamente, como se pode ver na filosofia de Rousseau.

O ideal iluminista de uma sociedade baseada nos direitos naturais e na democracia contribuiu para a admiração que se tinha aos chamados "déspotas esclarecidos" – monarcas reformadores – e contribuiu para a deflagração das revoluções americana e francesa, que, apesar dos excessos, representou uma ruptura decisiva com os regimes autoritários do passado.

Devido a conjunturas sociais e políticas específicas, a oposição ao clero e à nobreza se deu de maneira muito mais forte na França que na Inglaterra, levando a posicionamentos radicais que marcaram profundamente a história da Maçonaria moderna. Na Inglaterra, já desde 1689, Guilherme de Orange e Maria, detentores do trono inglês, assinavam a Declaração de Direitos, restringindo os poderes reais. A monarquia constitucional estava em marcha.

O marco mais notável do movimento iluminista foi a *Encyclopédie*, publicada na França entre 1751 e 1772, com colaboradores do nível de Voltaire, Rousseau e Montesquieu, e que englobava desde a manufatura de agulhas até a fundição de canhões. Seus editores, o filósofo e dramaturgo Denis Diderot e o matemático Jean d'Alembert, respectivamente, um, filho de cuteleiro e outro, filho ilegítimo de um oficial de artilharia, demonstram bem as novas oportunidades sociais que se abriam aos de origem não nobre.

Os pensadores iluministas acreditavam que a difusão da razão e da ciência contribuiria para o progresso da humanidade. Esse conceito marcou fortemente a ideologia da moderna Maçonaria. Essa orientação dá início a uma nova pedagogia, surgida no século XVIII, que estimula o aluno a pensar e a descobrir as coisas por si mesmo.

Nas artes, apesar da força do movimento Barroco que, reagindo ao renascentismo, põe ênfase na totalidade, na visão holística do mundo, na importância da relação entre os elementos, e que teve na Inglaterra, com Shakespeare, seu grande nome, da segunda metade do século XVII até o final do XVIII predominou na Europa o neoclassicismo, marcado por uma atitude racionalista e grande preocupação com a finalidade social e política das artes.

Na Inglaterra Milton, Locke, Hobbes e Hume foram alguns de seus expoentes; na Alemanha tivemos Goethe, Herder e Schiller, estes de importância histórica para o pensamento maçônico; e, na França, Chateaubriand, Lamartine, Victor Hugo e Musset. Na pintura, Hogarth, na Inglaterra, caricatura a sociedade de seu tempo. Goya, na Espanha, unindo o grotesco à crítica da sociedade, retrata o lado trágico da condição humana, ressaltando seu absurdo. É um momento de impiedosa crítica social, política, cultural e religiosa.

Na religião, especificamente, em 1749, o Marquês de Pombal ordena a expulsão dos jesuítas do Brasil, enquanto em 1751 o papa Benedito XIV proíbe os católicos de freqüentarem Lojas Maçônicas e a França, em 1795, garantia a liberdade de culto aos cidadãos. Como curiosidade, anote-se que em 1717, ano da fundação da primeira Potência Maçônica, é encontrada no Rio Paraíba a imagem negra de N. S. Aparecida.

Como conclusão podemos resumir dizendo que a prosperidade da classe média, a ampliação de horizontes devida aos descobrimentos marítimos, a revolução científica com Isaac Newton e John Locke, destruindo o que restava da filosofia medieval e traçando as bases de uma ciência rigorosa baseada em leis universais, formaram um conjunto de condições excepcionais para o grande salto que o pensamento humano veio a dar nos campos econômico, político, social e cultural nesses séculos. A grande utopia da sociedade natural, regida pela razão, onde um homem livre do pecado original viveria a vida do "bom selvagem", cria a rejeição absoluta da Metafísica.

E finalmente, nos meados do século XVIII, como resultado

dessas grandes transformações, eclode a grande Revolução Industrial, na Inglaterra, abalando profundamente e para sempre a estrutura econômica, social, política e cultural do país e, posteriormente, do mundo todo.

Cabe agora, a quem tiver fôlego, relacionar a Maçonaria a esse contexto.

∴

Educação para o Século XXI

Recentemente esteve no Brasil, pela segunda vez, o sociólogo italiano Domenico De Masi, professor nos EEUU e mundialmente conhecido por seus estudos sobre o mundo atual, especialmente o mundo do trabalho.

Seu livro sobre os grupos de criatividade bateu todos os recordes de venda no Brasil e o mais atual, sobre o *Futuro do Trabalho*, vendeu 7 edições na primeira semana, na Itália.

O que há de mais original em De Masi, é ter abordado a questão das transformações do trabalho nesta virada de século e intuído muitas de suas conseqüências. Essa visita nos provoca a reflexão sobre o futuro de nossos filhos neste mundo em transformação.

Na verdade, hoje sentimos uma revolução profunda no mercado de trabalho – a exigência de educação continuada (mestrado, doutorado, pós-doutorado, etc.), a perda da estabilidade pela flexibilização das leis trabalhistas, a mundialização do mercado (exigindo domínio de vários idiomas, aumentando os contatos sociais e cobrando mais mobilidade física do profissional), a velocidade da informação (via Internet, por exemplo), o trabalho sem sede (homework), etc. – que ao mesmo tempo nos fascina e nos amedronta.

Além de todas essas transformações (ou talvez por causa delas), temos uma aparente contradição: nosso tempo livre aumenta e desaparece simultaneamente. Se por um lado as horas efetivas de ocupação produtiva tenderão a diminuir na virada do século, devido principalmente às inovações tecnológicas e seu impacto sobre nossas tarefas, por outro todas as nossas relações sociais e culturais tenderão a ser significativas para o trabalho. Sendo o trabalho num mundo globalizado cada vez mais "envolvente" (por ser menos seguro e mais competitivo) e cada vez mais "social" (pois não está mais delimitado em salas, fábricas, cidades ou países), ele nos transforma em "trabalhadores integrais", tanto no sentido de se tornar o centro de nossas preocupações quanto no de nos exigir habilidades e conhecimentos que estão muito além da antiga "aptidão para a tarefa".

Nesse contexto, a educação de nossos filhos passa a ser fundamental para seus futuros. Mais do que QI e aptidões específicas (que não deixam de ser importantes, é claro), a educação tem que buscar desenvolver criatividade e compreensão. Além da "antiga" inteligência lógico-matemática, nos diz Howard Gardner, um dos maiores pedagogos deste final de século, necessitamos desenvolver a inteligência espacial, corporal, naturalista, inter e intrapessoal, existencial e artística.

Para o maestro Yeruham Scharovsky, por exemplo, a música é uma das formas mais adequadas para ensinar a ouvir o outro e a trabalhar em equipe. A mesma opinião tem o professor Ricardo Breim, do MEC, para quem a música, aumentando a capacidade de concentração, ajuda no aprendizado de outras disciplinas, especialmente da matemática.

Mas a globalização, promovendo o aldeamento do mundo, além da ampliação cultural exigirá qualidades outras do homem do futuro, necessárias não só à sua sobrevivência enquanto espécie como também para seu relacionamento. As principais dessas qualidades serão, sem nenhuma dúvida, a ampliação da tolerância e uma ética profundamente ecológica. As duas virtudes, aliás, se interpenetram: tanto a tolerância implica no respeito profundo à natureza quanto a visão ecológica implica no respeito profundo ao outro. Uma revolução tem que ser, antes de tudo, uma revolução dos valores humanos.

Enquanto vivemos em nosso País essa fase política e

economicamente dramática, com as funestas conseqüências que vemos na educação, na saúde e, especialmente, no trabalho, talvez seja difícil enxergar essa tênue linha que se projeta do futuro. Temos, ainda, que nos apegar às poucas esperanças que nos restam e nossos horizontes, ao invés de se alargarem, estreitam-se cada vez mais. Nesse contexto, nos agarramos, indivíduos e organizações, ao "essencial": a formação "essencial" dos cursinhos, o curso universitário mais "essencial", os livros de "realize-se rápido", as apresentações das "consultorias", e tais. São sinais de um tempo... de agonia.

É naquela linha tênue, contudo, que encontraremos o caminho para formarmos nossos filhos para o mundo que se avizinha. Um mundo que será extremamente difícil, radicalmente diferente deste que conhecemos, mas muito mais rico do ponto de vista humano do que o nosso. Será a grande síntese entre o mundo "calorosamente humano" de nossos avós e o mundo "hightech" de nossos filhos.

Oxalá assim o seja!

Pequena Análise Sociológica do Ritual

Conquanto se possa, movido por desejo de rigor etimológico, fazer distinção entre *Rito*, *Ritual*, *Ritualística* e *Liturgia*, ao analisar os conceitos referentes ao cerimonial em Loja optamos aqui pelo termo Ritual que, conforme o Aurélio, pode ser usado sem prejuízo como sinônimo de todos os demais.

Minha atenção sobre o Ritual foi mais agudamente despertada pelo comentário de um Irmão sobre como era curioso que homens adultos e razoáveis se prestassem a participar de Cerimônias tão pouco usuais quanto as que praticamos em nossas Lojas, com todos os seus Sinais, Símbolos, diálogos e movimentações tão esquisitos a um olhar profano.

Refletindo sobre esse comentário, quero crer, hoje já bem distante do fato, que o mesmo expressasse uma certa inadaptação ao grupo. O ser humano é essencialmente ritualístico e toda nossa vida é um participar de cerimônias socialmente estabelecidas para os vários momentos fortes da existência, tenham caráter religioso ou profano: nascimento, batismo, namoro, casamento, formatura, morte. Se pudéssemos olhar nossas práticas culturais com o mesmo distanciamento com que olhamos as práticas alheias (dos índios e dos estrangeiros de uma forma geral), veríamos que são tão estranhas quanto, a princípio, possa nos parecer nossa ritualística maçônica.

Ainda assim, apesar dessa constatação mais geral, há algo na pergunta que realmente solicita uma resposta: os ritos sociais se cumprem e se mantêm apenas porque cumprem uma função social, sejam os atores conscientes ou não disso. Ao não cumprirem mais qualquer função, as práticas sociais se enfraquecem e tendem ao desuso[59]. Nesse sentido estrito, a pergunta: *"O que leva pessoas mentalmente sãs, adultas e razoáveis a praticarem rituais, mesmo quando se dão conta de sua excentricidade"*, se transforma na questão: *"Que função ou funções sociais ou psicológicas cumprem nossos Rituais Maçônicos para que continuemos a praticá-los?"*.

Pretendemos neste trabalho ensaiar uma resposta a essa questão.

∴

Considerando que o ser humano tanto vivencia uma instância material (a "realidade concreta") quanto uma ideacional (suas interpretações, símbolos, ideais, valores, mitos, etc.), partimos do axioma de que o ritual é uma dramatização que, por sua natureza humana, ocorre como interseção entre a idealização e a realidade. Isso pode ser mais "visível" nos rituais religiosos que nos profanos: naqueles, a miscigenação de nossas esperanças com nossas realidades concretas é tal que encontramos dificuldade em separar o "crer" do "saber". Esse estado de *"dúvida latente"* é condição *sine qua* da existência dos rituais. Nesse sentido, o ritual é uma *transfiguração simbólica* que permite, ainda que no plano do imaginário, transformar a realidade em ideal e o ideal em realidade.

Mesmo nos rituais profanos esse caráter está presente: o casamento, por exemplo (que é hoje em maioria um ritual social e não religioso, apesar de realizado num templo), *"atualiza"* o futuro, "garantindo" no cerimonial que se cumpra a felicidade que se almeja.

Mas no Ritual Maçônico, especificamente, que condições estão

[59] Falarmos da função de uma prática social, aqui, não implica em adesão aos postulados sociológicos da escola Funcionalista.

presentes a fim de permitir essa *transfiguração simbólica* entre o real e o ideal? Cremos que existem três condições necessárias a essa *alquimia* que se dá em nossas liturgias:

a) ***uma condição espacial:*** a Cerimônia se dá num espaço geograficamente isolado (o Templo) que separa o *"mundo lá de fora"* do *"nosso mundo"*, como se num círculo mental "mágico" que impede a contaminação pela realidade social concreta. Essa separação repete no espaço a divisão conceitual do mundo entre "sagrado" e "profano", tão necessária à relação dialética entre o ideal e o real.

b) ***uma condição temporal:*** o drama representado é a-histórico no sentido de que, por se vincular a um passado mítico e tradicional, é estático, permitindo, assim, que a *atualização* dos ideais se realize apenas simbolicamente, sem um necessário compromisso com a efetiva transformação da realidade histórica concreta. Não que essa condição seja *determinante* de um descompromisso social, mas, por sua própria natureza, tanto permite uma opção transformadora da realidade quanto uma de reconstrução apenas *simbólica* do mundo, no sentido de transformar-se em apenas um belo discurso.

c) ***uma condição ambiental:*** o cenário *compartilhado*, composto de objetos e símbolos que remetem a um contexto congelado no passado, reforça a idéia de comunhão na tradição. Isso permite o encontro de pessoas social e ideologicamente diferentes como se fossem semelhantes.

A proibição de se trazer a discussão de certos temas para a Loja tem por função evitar que esses objetos e símbolos reassumam seu caráter real e passem a dividir o que, no plano simbólico, unem de maneira *ideal* e não *real*. Da mesma maneira, esses temas trazem o perigo de *contaminar* o sagrado pelo profano e historicizar o mito, exigindo uma tomada de posição concreta frente à realidade, *desmitificando* o rito.

Nossa liturgia é, então, estruturalmente alienante? Creio que não e voltarei ao assunto. No momento importa ainda considerar outra questão: apontamos as condições que permitem ao nosso ritual situar-nos entre a realidade material e a ideacional. Mas que funções tal condição atende, fazendo com que tiremos prazer de, semanalmente, participarmos desse cerimonial com reverência e seriedade?

- Em primeiro lugar, a nível ***pessoal***, a participação numa *comunidade* que, mesmo simbolicamente, realiza a união dos diferentes, é catártica, aliviando nossas frustrações, redimindo nossas culpas e reavivando nossas esperanças num mundo mais justo.
- A nível ***social***, o sentimento de pertinência a um movimento universal, por sua vez, fortalece nosso sentimento de poder, mesmo que vicariamente. Isso não é pouco num mundo onde a auto-estima dos indivíduos anda pelas sarjetas.

Voltemos, então, à questão da alienação: nossa liturgia é fatalmente alienante? A resposta mais ponderada é: não mais que qualquer outra. A alienação é uma condição *possível* do homem e, portanto, potencialmente presente em qualquer situação humana.

Até aqui falamos da face simbólica e mítica do ritual. Nossos encontros, contudo, são fatos sociais *reais*, interpenetrados pela vida concreta com todas as suas contradições e que não se esgotam na dramatização ritualística. Do ponto de vista social, por ser *organizador*, tanto externa quanto internamente, o ritual realimenta as energias psíquicas e as relações interindividuais; por sua utopia constantemente reafirmada, a participação ritualística reaviva as crenças e as esperanças, mobilizando, mais cedo ou mais tarde, o indivíduo; por sua própria função de transcender, ainda que simbolicamente, a contradição entre o real e o ideal, acaba por explodir suas próprias fronteiras, produzindo a extrapolação de atitudes e comportamentos a outros níveis do social (familiar, religioso, político, etc.), produzindo uma participação no sistema que ora é conservadora, ora é revolucionária, mas que sempre é socialmente relevante, como a história tem freqüentemente anotado.

∴

A Coluna Vertebral

escada para os céus

Felizmente não são poucos os livros verdadeiramente inspirados – sejam de literatura, ou de ciência, sejam de religião ou esoterismo – com que nos encontramos, e que nos marcam tanto, pela profundidade e pela beleza, que não resistimos ao impulso de compartilhá-los com os amigos.

Este mês, um desses livros me encontrou. Chamou-me com tanta insistência da vitrine daquela livraria que não consegui resistir. Trata-se de *"CORPO – Território do Sagrado"*, de Evaristo Eduardo de Miranda, das Edições Loyola.

Examinei com alguma relutância, sentindo-me culpado pela pilha de outros que me espera há meses para ser lida.

Busquei saber do autor na orelha: doutor em ecologia pela Universidade de Montpellier, é, além de cientista, estudioso de Teologia, agente da Pastoral da Esperança e autor de outras tantas obras de título interessante (*"Água, Sopro e Luz – a alquimia do batismo"*, *"Agora e na hora – ritos de passagem à eternidade"* e *"A foice da lua no campo das estrelas – ministrar exéquias"*). Não pude deixar de admirar a interessante alquimia.

Fundamentado na tradição mística judaica da Cabala e desenvolvido numa perspectiva judaico-cristã, o livro apresenta a simbologia do corpo humano, dos pés à cabeça, num caminho que é uma verdadeira iniciação, conduzida por um conhecedor sério e profundo.

Reproduzir as 278 páginas do livro é impossível. Além do que autor e editora não iriam gostar, mesmo num artigo de circulação interna[60]. Mas como eu preciso dar vazão a essa ânsia de espalhar esta notícia, apresento, como provocação de reflexão e leitura, pelo conteúdo e simbologia, o capítulo referente à Coluna Vertebral – escada para os céus.

Inicia o autor sua abordagem da coluna vertebral, eixo da construção da árvore humana, com uma bela passagem bíblica: *"Esta tua estatura é como uma palmeira, e teus seios, como os cachos. Digo: preciso subir na palmeira, tenho que apanhar teus cachos"* (*Ct 7,8-9*). Dessa transcrição, passa a ressaltar como abalar a coluna significa abalar o edifício todo. É como Sansão, afastando as colunas do templo dos filisteus.

> *"Direita e esquerda, consciente e inconsciente, masculino e feminino, positivo e negativo... todas as antinomias podem ser ultrapassadas no interior do homem, pelo casamento místico dos opostos"*, comenta, acrescentando que *"a coluna vertebral é a escada de Jacó para atingir o topo, o teto do templo corporal, a matriz vibratória do crânio"*. É uma notável inspiração para o nosso conhecido estudo a respeito da dualidade, não é?

Relacionando a coluna à teofania (manifestação divina), relembra a liturgia da Páscoa, onde se recorda o livro do Êxodo (13, 21): *"Durante o dia, sob a forma de uma coluna de nuvens, para indicar-lhes o caminho, e de noite, sob a forma de uma coluna de fogo, para iluminá-los"* Deus precedia seu povo no deserto. Exatamente por isso, quando alguém é considerado *a coluna* de um grupo, é porque é visto como manifestação da potência de Deus entre os homens, sinal de força. Daí por que "abalar" as colunas ou "abater" colunas tem, para nós, tão forte significado.

Descrevendo o templo de Salomão, lembra o autor como ele ficou célebre por suas colunas, especialmente as *"duas famosas colunas*

---

[60] Publicado originalmente no Boletim de nossa Loja.

salomônicas, uma de cada lado do vestíbulo de entrada (1Rs 7,15-22), cujos nomes misteriosos eram Yakin e Boaz..." que, segundo antiga interpretação, significa que *"...Deus estabelece na força, solidamente, o templo e a religião da qual Ele é o centro, o eixo, a coluna".*

Referindo-se às colunas do Templo Maçônico, reflete o autor que *"a primeira representa o lado direito, o masculino, a vontade, o positivo, o fogo, o vermelho, o vinho e o sol. A segunda, o lado esquerdo, o feminino, a intuição, o negativo, o ar, o branco, a água e a lua. Essa simetria axial está projetada sobre o meio do corpo humano, da cabeça aos pés, tendo como referência natural a coluna vertebral".*

Lembra o autor que entramos num novo milênio carregando, como o mal do século, a dor nas costas ou na "coluna", significando quanto o homem contemporâneo reflete a falta de uma postura interior correta diante das contradições do mundo.

Retornando à idéia da escada de Jacó, nos diz que *"a escada está entre dois pólos, a terra e os céus. Essa é a situação do homem. Situado entre esses dois pólos de um ímã, ele representa a energia vibracional. Caso se desligue de qualquer um dos pólos, deixa de ser para simplesmente existir. Fica fora da corrente da vida. Os anjos sobem e descem a escada. Eles são todas as energias ascendentes e descendentes transitando pela coluna vertebral. Na primeira fase da vida, a força dessas energias leva o Homem a caminhar e explorar o mundo exterior. Na segunda etapa de sua vida, elas o levam para a grande aventura interior, o casamento de seus opostos, a superação das dualidades, ao encontro da unidade no seio do Uno".* Essa é a Unidade que simbolizamos no Ternário.

É belíssima a narração que faz o autor, a partir dos simbolismos tântrico e bíblico, de como a energia de Eros (erótica) conduz à consciência da Iluminação, adormecida na base da coluna e que se eleva até o lótus das mil pétalas na cabeça.

Falando sobre a superação da dualidade no Cristo, o autor lembra que na tradição judaico-cristã as dualidades yang-ying dos chineses e as energias-princípios de várias religiões tradicionais "encarnam-se" em pessoas concretas. Dessa forma, o Cristo é tanto o Filho de

Deus quanto o Filho do Homem (energia ascendente e descendente); temos dois Judas, nome que significa "Deus se inscreve na história"; temos dois José (de Nazaré e de Arimatéia), um ligado ao nascimento e outro à morte do Cristo; na montanha do Tabor aparecem Moisés e Elias (a rigidez da Lei e o Fogo do Profetismo); dois João também se relacionam ao Cristo (um ao anúncio e outro ao porvir); finalmente, aos pés da cruz encontram-se Maria e João, a mãe e o discípulo, o feminino e o masculino.

> *A coluna do meio é o lugar do possível encontro dessas duplas dimensões. A coluna vertebral é um lugar privilegiado onde se inscrevem nossos freios e libertações, nossas realizações sucessivas, nossa ascensão progressiva ao longo de cada vértebra e também nossa recusa de evoluir, de esposar, de amar. Na coluna vertebral, inscrevem-se todas as tensões, sofrimentos e bloqueios gerados pelo medo. Nos problemas de coluna, nas dores de costas, existem sofrimentos patológicos e sofrimentos iniciáticos.*

A exemplo do alerta que nossas Instruções fazem ao Aprendiz sobre os riscos do número dois, continua o autor: *"Quem ignora a unidade profunda das aparentes antinomias, na dualidade da manifestação, não pode ultrapassar o ferimento, o esgarçamento, que elas provocam"*.

∴

Treinamento Básico

Segundo a Análise Transacional, uma das correntes teóricas da Psicologia, o ser humano nasce *O.K.*, isto é, natural, bom, com uma estrutura apta a responder de forma saudável aos estímulos do meio.

No processo de socialização – que envolve todas as pressões e adestramentos que visam a transformar alguém em um "ser socialmente adaptado" – vamos sendo treinados para não confiarmos em nossas emoções, em nossos sentimentos, em nossas idéias, em nossos prazeres, e isso é de tal forma eficiente que acabamos por nos tornar indivíduos *não-O.K.*, seja lá que nome venham a nos dar por isso: esquisitos, neuróticos, paranóicos, e até mesmo loucos.

Um desses treinamentos que recebemos STEINER[61] classifica como *Treinamento em Falta de Alegria*. Nascemos, diz ele, felizes com nossos sentimentos e com nossos próprios corpos. Se fôssemos levados a crescer de forma saudável, provavelmente nos sentiríamos satisfeitos ao comer o suficiente, assim como nos sentimos saciados ao matar a sede com um pouco de água. Nos sentiríamos mal ao inalar a fumaça poluída do cigarro, assim como tiramos rápido a mão de uma superfície demasiadamente quente.

O que vemos, contudo, em geral, é o contrário: as pessoas comem além do que lhes sacia; tossem e engasgam até ficarem

[61] STEINER, Claude. *Os Papéis que Vivemos na Vida*. Rio de Janeiro: Ed. Arte Nova, 1976.

dependentes da fumaça poluída do cigarro; entopem-se de alguns remédios para "sentirem-se bem" e de outros para "não se sentirem mal".

Por que ocorre isso? Porque, responde STEINER, aprendemos a nos separar de nossos corpos, a nos sentirmos "mal" na ligação com ele, a considerar o prazer uma coisa proibida, de tal forma que acabamos por necessitar desses artifícios para fazer contato conosco mesmos e vivermos alguns instantes de prazer.

Desde crianças, nossa sexualidade é reprimida, mas bem antes dela todos os nossos sentidos já vêm sendo bloqueados. Aprendemos a ver a utilidade da rosa, não a vermos a penugem aveludada de suas pétalas ou as variações de seu vermelho vivo. Aprendemos a ouvir as palavras, não a entonação, e esquecemos como se escutam melodias ou o som alegre e triste das vozes das pessoas.

As crianças não podem ver a nudez, sentir raiva ou ter prazer em tocar seu próprio corpo ou o corpo de outra pessoa.

Muitos de nós fomos obrigados a viver em desconforto, sem o direito de escolher nossas próprias roupas. Ou fomos proibidos de correr, trepar, rolar na grama, sujarmo-nos na terra ou molharmo-nos na chuva.

E somos treinados para que? Para nos adaptarmos à tensão e à dor. Com a doença, não aprendemos como empregar a própria energia para combater a enfermidade, mas aprendemos a confiar nas drogas, e a sentir o prazer que nos causam ao suspender a dor.

O ser humano que vemos hoje, não é nem um pecador sem salvação e nem o resultado de um erro da educação ou um defeito de fabricação. Somos aquilo para o que fomos treinados. Somos o sucesso total de um treinamento bem feito.

Precisamos urgentemente mudar esse processo de treinamento para obtermos seres humanos melhores.

Irmãos, aos Aventais!

∴

Contribuições a uma Pedagogia Maçônica

O Relatório Jacques Delors

Muito se fala sobre a Maçonaria ser uma escola. Se por isso se entende que nela aprendemos e apreendemos uma nova perspectiva de vida, que modificará nossas atitudes, valores, hábitos e práticas – nossa *práxis* social –, creio que a expressão é correta. Afinal, somos seres que aprendem e a Maçonaria é uma instituição que recruta homens bons para torná-los melhores. Isso, *lato senso*, é educação.

Mas se muito se fala, pouco se escreve. Conheço raríssimos textos que discutem o processo formativo na Ordem. Temos, sim, muitos livros "didáticos" e muitos outros que se pretendem "manuais" de Maçonaria, mas uma reflexão sobre o processo formativo do Homem maçônico é mais rara, e como toda raridade, urgente.

"Escola" é um substantivo que permite adjetivação. Num processo de reflexão, cumpre-nos des-velar as qualidades que em "nossa" escola se reproduzem, para que tornemos consciente esse processo. Que tipo de Homem pretendemos formar na Maçonaria? Com vista a que objetivos? Com que meios pretendemos essa formação? Que filosofia e que ideologia orientam esse processo? As perguntas se multiplicam e esperam por respostas.

A pretensão deste texto é levantar alguns pontos para essa reflexão. Estamos conscientes, contudo, que é condição absolutamente necessária (mesmo que não suficiente) para produzir alguma ação que esse trabalho seja coletivo. Quando "a bola rola", se ninguém der o segundo, o terceiro e os demais toques o jogo não acontece.

Mas um início não precisa necessariamente sair do nada. A Comissão Internacional sobre a Educação para o século XXI, da UNESCO, sob o título *Educação – Um tesouro a descobrir*, publicou um relatório que se tornou conhecido pelo nome de seu coordenador, Jacques Delors.

Iniciado em 1993 e concluído em setembro de 1996, recebeu a contribuição dos melhores especialistas do mundo, representando países de cultura e desenvolvimento os mais variados.

Considerando sobretudo o irreversível processo de globalização, o relatório considera que a orientação do desenvolvimento humano se dá pela *"capacidade de raciocinar e imaginar, da capacidade de discernir, do sentido das responsabilidades"*. Mais do que *razão*, o século XXI exige *imaginação, discernimento e responsabilidades*. A era da complexidade e da incerteza já superou em muito a era das "luzes".

Os sonhos milenares do Homem, contudo, continuam vetoriando essa caminhada. Já em seu prefácio, o relatório ressalta como função precípua da educação *"ante os múltiplos desafios do futuro, (...) sua construção dos ideais da paz, da liberdade e da justiça social. (...) Não como um 'remédio milagroso', não como um 'abre-te Sésamo' de um mundo que atingiu a realização de todos os seus ideais, mas, entre outros caminhos e para além deles, como uma via que conduz a um desenvolvimento humano mais harmonioso, mais autêntico, de modo a fazer recuar a pobreza, a exclusão social, as incompreensões, as opressões, as guerras..."*.

Essas colocações são fundamentais. A idéia de um mundo pronto, a ser transmitido às novas gerações, visando reproduzir "*uma* ordem, *uma* moral e *os* bons costumes", conduziu sempre a pedagogias autoritárias (sejam democráticas, socialistas, comunistas ou maçônicas) que invariavelmente desqualificam "o outro".

Nessa perspectiva, o "educando" não tem valores, conhecimentos, sentimentos, que mereçam consideração. Temos que "transmitir" a ele, como se fosse um depósito bancário, o "capital" de nossos conhecimentos, do qual ele deverá nos dar conta quando solicitado. O educador é "do bem", o educando "do mal"; um "sabe", outro é "ignorante"; um é "iniciado", outro "profano".

A superação dessa postura por uma que reconheça que a diferença do outro não o faz menor (ou maior) e que, pelo contrário, é essa diferença que torna possível o nosso **mútuo** desenvolvimento, é a pedra de toque que transmutará nossa *pedagogia* numa *andragogia*, um processo educativo de "crianças" num processo educativo de "adultos".

Essa transmutação verdadeiramente paradigmática não implica em que o Mestre deixará de ser Mestre e que o Aprendiz deixará de ser Aprendiz. Longe disso. É apenas nessa mudança que o Mestre poderá tornar-se um Mestre e o Aprendiz um Aprendiz. Do contrário, teremos apenas "professores" e "alunos", "adultos" e "crianças", "sábios" e "ignorantes".

Na postura pedagógica "tradicional", a atitude é de "dar" ao outro um conhecimento que "possuo" e que ele não tem. Na postura andragógica, a atitude é de ajudá-lo a extrair de suas próprias potencialidades uma riqueza que nelas está contida. É isso que significa a *construção de si mesmo*, princípio da filosofia Socrática/Platônica e que está implícito na própria origem de nossa doutrina.

Um segundo ponto deve ser bem sublinhado nesse parágrafo. Não há desenvolvimento que não seja total. Podemos "crescer" num aspecto ou em outro, mas só nos desenvolvemos por inteiro. Por isso, dizer que a construção do Homem Novo, que é o objetivo implícito na Arte Real, não tem a ver com as questões sociais, políticas e econômicas (exclusão, corrupção, pobreza), é utópico – para não dizer ideológico.

Se reduzirmos a Ação Social à caridade, viramos um clube de serviço. Se reduzirmos a Política à política partidária, nos tornaremos alienados. Se reduzirmos a Economia a seus interesses exclusivamente materiais, nos tornaremos desumanos.

Continua o relatório: *"A Comissão considera as políticas educativas um processo permanente de enriquecimento dos conhecimentos, do saber-fazer, mas também e talvez em primeiro lugar, como uma via privilegiada* ***de construção da própria pessoa, das relações entre indivíduos e nações"*** (grifo meu). Começam a delinear-se objetivos aos quais não nos negamos a aderir. Estamos no núcleo dialético desse processo: só podemos construir a nós mesmos em relação e só podemos construir relações construindo a nós mesmos. Como produzir em nós mesmos, em nossas Lojas, em nossas Potências, visando contaminar o mundo, essa **atitude** básica que nos oriente **permanentemente** à construção de nós mesmos e de nossas relações (familiares, políticas, econômicas)?

Nosso modelo de mundo está exaurido. Nunca antes o mundo assistiu a tanto "crescimento" econômico. *"E contudo, parece dominar no mundo um sentimento de desencanto que contrasta com as esperanças surgidas logo a seguir à Segunda Guerra Mundial. Pode-se, pois, falar de desilusões do progresso, no plano econômico e social. O aumento do desemprego e dos fenômenos de exclusão social, nos países ricos, atesta-o. A persistência das desigualdades de desenvolvimento no mundo, confirma-o."*

Qualquer mudança, como nós Maçons bem sabemos, passa por um ato de Vontade. Como que a adivinhar isso, nos diz o relatório: *"Mas como aprender a viver juntos nesta 'aldeia global', se não somos capazes de viver nas comunidades naturais a que pertencemos: nação, região, cidade, aldeia, vizinhança? A questão central da democracia é saber se queremos, se podemos participar da vida em comunidade.* ***Querê-lo ou não,*** *é bom não o esquecer, depende do* ***sentido de responsabilidade*** *de cada um"* [grifo meu].

O que conduz alguém se Iniciar na Arte Real é ***essa*** Vontade? Como discernir entre as várias motivações possíveis (algumas não tão nobres)? Mais: como desenvolver essa Vontade de forma que ela cresça e contamine seu ambiente?

Lembro-me de que quando era criança, no interior do Paraná, ouvia os adultos falarem com reverência sobre alguém: ele é Maçom! Sempre se referiam a alguém socialmente "importante", isto é, socialmente significativo. Ser Maçom é possuir um sentimento de responsabilidade para com o mundo. É "ter tempo" e "sentir vontade" de participar de sua família, de seu condomínio, dos movimentos de seu bairro, de sua cidade, etc. É ser alguém *significativo.* Como desenvolver esse **sentimento de responsabilidade** para com o mundo? Como construir essa atitude *ecológica?*

Isso não é fácil. O relatório Jacques Delors levanta essa questão. Tratando das *Tensões a ultrapassar*, cerne da problemática do século XXI, releva: *"A tensão entre o global e o local: tornar-se pouco a pouco cidadão do mundo sem perder as suas raízes (...). A tensão entre o universal e o singular: (...) [manter] a riqueza das suas tradições e de sua própria cultura ameaçada, se não tivermos cuidado, pelas evoluções em curso. A tensão entre tradição e modernidade tem origem na mesma problemática: adaptar-se sem se negar a si mesmo, construir a sua autonomia em dialética com a liberdade e a evolução do outro, dominar o progresso científico. (...) A tensão entre as soluções a curto e a longo prazo, tensão eterna, mas alimentada hoje em dia pelo domínio do efêmero e do instantâneo, num contexto onde o excesso de informações e emoções efêmeras leva a uma constante concentração sobre os problemas imediatos. (...) A tensão entre a indispensável competição e o cuidado com a igualdade de oportunidades. (...) A tensão entre o extraordinário desenvolvimento dos conhecimentos e as capacidades de assimilação pelo homem. A Comissão não resistiu à tentação de acrescentar novas disciplinas, como conhecimento de si mesmo e dos meios de manter a saúde física e psicológica, ou mesmo matérias que levem a conhecer melhor e preservar o meio ambiente natural. (...) Finalmente, e trata-se, também neste caso, de uma realidade permanente, a tensão entre o espiritual e o material. (...) Cabe à educação a nobre tarefa de despertar em todos, segundo as tradições e convicções de cada um, respeitando inteiramente o pluralismo, esta elevação do pensamento e do espírito para o universal e para uma espécie de superação de si mesmo".*

Colocados num longo parágrafo temas que no relatório vêm em parágrafos distintos, se pretendeu reunir as tensões fundamentais da problemática moderna. Da sabedoria de resolvê-las depende o bem-estar e, talvez, a própria sobrevivência da humanidade. Não há processo educacional que possa olvidá-las.

Repisa sempre o relatório na questão fundamental desse novo paradigma: *"Tudo nos leva, pois, a dar novo valor à dimensão ética e cultural da educação e, deste modo, a dar efetivamente a cada um os meios de compreender o outro, na sua especificidade, e de compreender o mundo na sua marcha caótica para uma certa unidade. Mas antes, é preciso começar por se conhecer a si próprio, numa espécie de viagem interior guiada pelo conhecimento, pela meditação e pelo exercício da autocrítica"*. Do ponto de vista maçônico poderíamos definir melhor nossa tarefa? Cabe aprendermos a executá-la. Aqui, novamente, a razão tem que se aliar à imaginação.

A esta altura das reflexões, o relatório resume os *quatro pilares* considerados básicos para essa tarefa:

- o grande pilar é o *aprender a viver juntos*, desenvolvendo o conhecimento acerca dos outros, da sua história, tradições e espiritualidade. Principalmente, aprendendo a respeitar as diferenças.
- O outro pilar, o primeiro, é o *aprender a conhecer*, no sentido tradicional de conhecer a realidade, as tecnologias, a política, a cultura, estar afinado com seu tempo.
- Em seguida, *aprender a fazer*, não só no sentido profissional, mas adquirir uma competência ampla que permita o trabalho em equipe, o pensar junto, o fazer coletivo.
- Finalmente, e mais importante, o *aprender a ser*. Desenvolver todos os talentos latentes em si. Conhecer-se o mais profundamente possível. E, acrescentamos, amar-se, para poder amar aos demais.

Mas é preciso cuidado, pois "*... demasiadas reformas em cascata acabam por matar a reforma, pois não dão ao sistema o tempo necessário para* *se impregnar do novo espírito, nem para pôr todos os atores à altura de nela participarem. Por outro lado, como mostram os insucessos do passado, muitos reformadores, optando por soluções demasiado radicais ou teóricas, não tomam em consideração os úteis ensinamentos da experiência, ou rejeitam as aquisições positivas herdadas do passado".* O projeto de lapidar o Homem e o mundo é um projeto secular, não é algo para prazo determinado. Por isso, ele depende mais de Vontade e Atitudes do que de instrumentos e medidas. Ser secular, contudo, não significa que não deva começar já.

∴

Bibliografia

ADOUM, J. *As chaves do reino interno.* São Paulo: O Pensamento, 1995.

APOSTEL, L. *A Maçonaria – Um Ensaio Filosófico.* 1.ed. Londrina: "A TROLHA", 1965.

ASLAN, N. *Estudos maçônicos sobre simbolismo.* 1.ed. Londrina: "A TROLHA", 1997.

BENIMELI, Pe. J. A. F. *Maçonaria x Satanismo.* 1.ed. Londrina: "A TROLHA", 1995.

_____. *Maçonaria e pacifismo.* 1.ed. Londrina: "A TROLHA", 1999.

BESANT, A. *O Cristianismo esotérico.* São Paulo: O Pensamento, s/d.

BLAVATSKY, H.P. *Síntese de doutrina secreta.* Coletânea de textos por Cordélia Alvarenga de Figueiredo. São Paulo: O Pensamento, s/d.

BOFF, L. *O despertar da águia.* Petrópolis: Vozes, 1998.

BOUCHER, J. *A Simbólica Maçônica.* 1.ed. São Paulo: O Pensamento, 1997.

BRENANN, B. A. *Mãos de luz.* São Paulo: O Pensamento, 1994.

BRODSKY, G. *O livro da cura natural.* São Paulo: O Pensamento, s/d.

CAMPBELL, J. *O poder do mito.* São Paulo: Palas Athena, 1991.

CAPRA, F. *O ponto de mutação.* São Paulo: Cultrix, 1983.

CARREIRA, A. F. *O mito individual como estrutura subjetiva básica.* Revista Psicologia n° 3, 2001, p. 58.

CARVALHO, P. S. R. *Mistérios e misticismos das Iniciações.* 1.ed. Londrina: "A TROLHA", 2000.

_____. *Torre do silêncio* 1.ed. Londrina: "A TROLHA", 1998.

CASTELLANI, J. *Curso básico de liturgia e ritualística.* 1.ed. Londrina: "A TROLHA", 1994.

_____. *Fragmentos da Pedra Bruta.* 1.ed. Londrina: "A TROLHA", 1999.

_____. *Fragmentos da Pedra Bruta.* 1.ed. Londrina: "A TROLHA", 2001. v.2.

_____. *O Rito Escocês Antigo e Aceito.* 1.ed. Londrina: "A TROLHA", 1996.

CASTELLANI, J.; RODRIGUES, R. *Análise da Constituição de Anderson.* Londrina: "A TROLHA", 1995.

CAVANHA, A.O. *A divina proporção, o nº de ouro e a espiral logarítmica.* 1.ed. Curitiba: Vicentina, 2000.

COSTA, F. G. *A Trolha na Universidade.* 1.ed. Londrina: "A TROLHA", 2001.

_____. *A Maçonaria Dissecada.* 1.ed. Londrina: "A TROLHA", 1995.

_____. *Questões Controvertidas da Arte Real.* 1.ed. Londrina: "A TROLHA", 1997.

DA CAMINO, R. *Lendas Maçônicas.* Rio de Janeiro: Aurora, s/d.

DIVERSOS. *Cadernos de Pesquisas Maçônicas – 9.* 1.ed. Londrina: "A TROLHA", 1995.

_____. *Cadernos de Pesquisas Maçônicas – 10.* 1.ed. Londrina: "A TROLHA", 1995.

_____. *Cadernos de Pesquisas Maçônicas – 17.* 1.ed. Londrina: "A TROLHA", 2000.

_____. *Psicossociologia – Análise Social e Intervenção.* Belo Horizonte: Autêntica, 2001.

FULCANELLI. *O mistério das catedrais.* 1.ed. Lisboa: Edições 70 Ltda., 1998.

GREGÓRIO, F. C. *Intuição & Maçonaria.* 1.ed. Londrina: "A TROLHA", 2004.

_____. *O Templo vivo de Salomão.* 1.ed. Londrina: "A TROLHA", 2003.

GUAITA, S de. *No umbral do mistério.* São Paulo: M. Fontes, 1991.

HEIDEL, M. *Conceito Rosacruz do Cosmos.* São Paulo: AMORC, 1993.

HERMES TRISMEGISTOS. *Corpus Hermeticum.* São Paulo: Hemus, s/d.

KOESTLER, A. *Jano – uma sinopse.* São Paulo: Melhoramentos, 1981.

LEADBEATER. *A Vida Oculta na Maçonaria.* 1.ed. São Paulo: O Pensamento, 1993.

MANTOVANI Fº, A. *Primeiras Instruções.*1.ed. Londrina: "A TROLHA", 2000.

MEBES, G.O. *Os Arcanos maiores do tarô.* São Paulo: O Pensamento, s/d.

MELLOR, A. *Franco-Maçonaria – os grandes problemas da atualidade.* 1.ed. São Paulo: O Pensamento, 1989.

MIRANDA, C. F. de; MIRANDA, M. L. *Construindo a relação de ajuda*. São Paulo: Crescer, 1983.

MIRANDA, E. E. *Corpo – o território do sagrado*. São Paulo: Loyola, 2000.

MOSCOVICI, F. *Desenvolvimento interpessoal*. Rio de Janeiro: José Olympio, 1986.

NAUDON, P. *A Maçonaria*. 1.ed. Coleção Saber Atual. São Paulo: Difusão Européia do Livro, 1968.

NEWTON, J.N. *Os Maçons Construtores*. 1.ed. Londrina: "A TROLHA", 2000.

PALOU, J. *A Franco-Maçonaria Simbólica e Iniciática*. 1.ed. São Paulo: Pensamento, 1998.

PETERS, A. *Antologia Maçônica*. 1.ed. Londrina: "A TROLHA", 1996.

PRICHARD, S. *Maçonaria Dissecada*. 1.ed. Londrina: "A TROLHA", 2002.

PUSCH, J. *ABC do Aprendiz*. 1.ed. Tubarão: DEHON, 1993.

REGARDIE, I. *O poder da magia*. São Paulo: IBRASA, 1989.

RIGHETTO, A.; ORTEGA, O. *Maçonaria – o caminho das pedras*. 1.ed. Londrina: "A TROLHA", 1997.

ROCHA, L da. G. *São João Batista e a Maçonaria*. 1.ed. Londrina: "A TROLHA", 2001.

RODRIGUES, R. *A Filosofia da Maçonaria Simbólica*. 1.ed. Londrina: "A TROLHA", 2000. v.2.

_____. *Sutilezas da Arte Real*. 1.ed. Londrina: "A TROLHA", 2003.

SALOMÃO, L. *Igreja Católica e Maçonaria*. Londrina: "A TROLHA", 1998.

SANTIAGO, M. *Maçonaria – História e Atualidade*. 1.ed. Londrina: "A TROLHA", 1992.

_____. *Temas para Reflexão do Mestre Maçom*. 1.ed. Londrina: "A TROLHA", 1993.

SCHLOSSER, J. *A Imortalidade da Alma*. 1.ed. Londrina: "A TROLHA", 2001.

SILVEIRA PINTO, G. *Pérolas Maçônicas*. 1.ed. Londrina: "A TROLHA", 1998.

STEINER, C. *Os papéis que vivemos na vida*. Rio de Janeiro: Arte Nova, 1976.

TEIXEIRA DE FREITAS, L. C. *O simbolismo astrológico e a psique humana*. S. Paulo: CL, s/d.

TRAUTWEIN, B. *Dogmas e Preconceitos Maçônicos*. 1.ed. Londrina: "A TROLHA", 1997.

WESCOTT, W. W.; GILBERT, R. A. *Maçonaria e Magia*. São Paulo: O Pensamento, s/d.

XICO TROLHA. *A Maçonaria – Usos & Costumes*. 1.ed. Londrina: "A TROLHA", 2003.

_____. *A Maçonaria – Usos & Costumes*. 1.ed. Londrina: "A TROLHA", 2003. v.2.

_____. *O Aprendiz Maçom*. 1.ed. Londrina: "A TROLHA", 1995.

_____. *Itambé*. 1.ed. Londrina: "A TROLHA", 1996.

_____. *Símbolos Maçônicos e suas Origens*. 2.ed. Londrina: "A TROLHA", 1996.

_____. *Símbolos Maçônicos e suas Origens*. 1.ed. Londrina: "A TROLHA", 1997. v.2.

ZELDIS, L. *Estudos Maçônicos – História, Simbolismo, Filosofia*. 1.ed. Londrina: "A TROLHA", 1995.

_____. *As Pedreiras de Salomão*. 1.ed. Londrina: "A TROLHA", 2001.

ZIEMER, R. *Mitos organizacionais*. São Paulo: Atlas, 1996.

ZOCCOLI. *A Abóbada Celeste na Maçonaria*. 1.ed. Curitiba: Autor, 1993.

_____. *Fundamentos Científicos da Maçonaria Simbólica*. 1.ed. Curitiba: Autor, 1995.

_____. *Maçonaria Esotérica 1º Grau – Fundamentos*. 1.ed. Curitiba: Autor, 1994.

Editora Maçônica

A TROLHA

Redação, Diagramação,
Composição, Revisão, Arte-Final.

Av. Maringá, 335 – Fone: (43) **3327-1982**
Fax: (43) **3348-0915**
CEP 86060-000 – Londrina – Paraná

Home Page: http://www.atrolha.com.br
E-Mail: redacao@atrolha.com.br